DIEGO OSORNO

CONTRA ESTADOS UNIDOS

CRÓNICAS DESAMPARADAS

CRÓNICA

Derechos reservados
© 2014 Diego Osorno

© 2014 Editorial Almadía S.C.
    Avenida Independencia 1001 - Altos,
    Colonia Centro, C.P. 68000,
    Oaxaca de Juárez, Oaxaca.
    Domicilio fiscal: Monterrey 153,
    Colonia Roma Norte,
    Delegación Cuauhtémoc,
    C.P. 06700,
    México, D.F.

www.almadia.com.mx
www.facebook.com/editorialalmadia
@Almadia_Edit

Primera edición: septiembre de 2014
ISBN: 978-607-411-165-1

Impreso y hecho en México.

DIEGO OSORNO

CONTRA ESTADOS UNIDOS

CRÓNICAS DESAMPARADAS

Almadía

*Para quienes inspiraron y emprendieron
el viaje que se relata a continuación*

Nadar sabe mi llama la agua fría
y perder el respeto a ley severa.

Francisco de Quevedo y Villegas
Amor constante más allá de la muerte

Te estoy enviando señales a través de las llamas.
El Polo Norte ya no se halla donde solía estar.
El destino manifiesto ya no se manifiesta.
La civilización se autodestruye.
Némesis golpea a la puerta.
¿Para qué sirven los poetas en épocas como estas?
¿Cuál es la utilidad de la poesía?

Lawrence Ferlinghetti
La poesía como un arte insurgente

Yo te diría que la esencia real hasta ahora de la cultura mexicana ha sido la resistencia. Quinientos años de resistencia: resistencia a los políticos y resistencia a los Estados Unidos… Vivir al lado de los Estados Unidos y seguir teniendo México su propia cara, su propia, digamos, vibración, es un logro enorme.

Juvenal Becerra
Documental Hecho en México

No hay un imperio, no hay un reino.
Tan sólo el caminar sobre su propia sombra,
sobre el cadáver de uno mismo.

EFRAÍN HUERTA
El Tajín

How many times must a man look up
Before he can see the sky?
Yes, 'n' how many ears must one man have
Before he can hear people cry?
Yes, 'n' how many deaths will it take till he knows
That too many people have died?
The answer, my friend, is blowin' in the wind,
The answer is blowin' in the wind.

BOB DYLAN
"Blowin in the wind"

Cuando en la *polis* las palabras están llenas de
salvajismo y mentira, nada más resonante que el
poema no escrito.

GEORGE STEINER
Lenguaje y silencio

PRÓLOGO
CONTRA LA GUERRA

La llamada "guerra contra las drogas" en Estados Unidos fue diseñada y desarrollada durante la administración de Richard Nixon para, entre otras cosas, oprimir y controlar a las comunidades afroamericanas en ese país. H. R. Haldeman, jefe del estado mayor de Nixon, escribió que el entonces presidente enfatizó que tenían "que enfrentar el hecho de que todo el problema realmente son los negros *(sic)*. La clave es diseñar un sistema que reconozca esto sin aparentarlo".

La primera acción antinarcótica llevada a cabo por Nixon –dos años antes de la declaración oficial de "guerra" en 1971– fue cerrar la frontera con México y así obligar a la administración de Gustavo Díaz Ordaz a cumplir con los mandatos estadounidenses respecto al combate de la producción de marihuana y amapola en México.

Desde sus raíces, la "guerra contra las drogas" une el colonialismo interno –retomando el concepto de Pablo González Casanova respecto al Estado mexicano– y el imperialismo trasnacional del gobierno estadounidense.

Consideremos: se quiere diseñar un sistema que oprime a las comunidades afroamericanas sin evidenciar la lógica de su diseño en sus acciones. Entonces, ¿qué se puede hacer? Chingar a México, cerrando la frontera y humillando el gobierno del Estado vecino.

México fue el primer Estado en sufrir las ambiciones imperiales de Estados Unidos entre 1846 y 1848. Muchas naciones indígenas habían sufrido esa ambición, ni hablar de los casi cuatro millones de esclavos africanos y sus comunidades de origen. Y por lo tanto, México fue el primer Estado que sufrió las ambiciones neoimperiales semiocultas en la "guerra contra las drogas". Pero no es México exactamente quien ha sufrido esa guerra –a varios generales y comandantes de la guerra les ha ido a veces escandalosamente bien– sino, en su gran mayoría, ha sido la gente de abajo, la gente sencilla, la gente trabajadora quien la ha sufrido.

* * *

A los cuarenta años de la supuesta "guerra", las drogas ahora se venden y se consumen en mayor escala que cuando empezó. Mucho mayor. Una frase constante de quienes critican la "guerra contra las drogas" es que "ha sido un fracaso rotundo". Yo también lo he dicho. Pero ahora no lo sé. La hipótesis del fracaso no me convence. Creo, en cambio, que la guerra ha sido todo un éxito. La paradoja aparece de esta forma: mientras los gobiernos de Estados Unidos y sus aliados aumentan sus combates y acciones de guerra, más se multiplican los blancos de la misma. ¿Qué pasa entonces si invertimos la lógica de la guerra? Supongamos, por el momento, que la guerra no persigue la victoria, es decir, parar o eliminar la producción y el consumo de un par de químicos y hierbas. Supongamos que la guerra persigue el fracaso, es decir, que el fin de la guerra sea sostenerse a sí misma de manera constante.

* * *

Los arquitectos de la guerra la presentan y defienden como un esfuerzo para desarticular y destrozar varios elementos de un mercado: producción, traslado, distribución, venta y consumo de las drogas ilegales. Pero la guerra en sí es un mercado también: de presupuestos, salarios, armamento y, sobre todo, capital político.

El narco y la guerra contra el narco: los dos son mercados y obedecen a las leyes del mercado, no a las del código penal. Estos dos mercados no están enfrentados en un combate: están unidos inseparablemente, son como gemelos unidos desde el nacimiento que comparten los órganos vitales: matas a uno, matas al otro; alimentas a uno, alimentas al otro. Mientras más se alimenta la "guerra contra las drogas", más se alimenta el negocio de las drogas.

Uno de los órganos vitales que comparten los dos mercados es la ilegalidad de la mercancía, de la droga. La ilegalidad da estructura a los dos mercados, es el lugar en donde ambos se unen. La ilegalidad de la droga –que se produce, envía, distribuye, vende y consume a nivel global– requiere la invisibilidad oficial del mercado. Se tiene que "esconder" la producción, el envío, etcétera. ¿Se puede imaginar que se esconda –en plena época de satélites y GPS– la producción mundial de las naranjas? ¿O la distribución global de los cigarrillos? Pues, no. ¿Por qué entonces nos tragamos la idea de que nadie sabe dónde se siembra y por dónde se traslada la marihuana, la coca y la amapola? O, dicho de otra manera, ¿quién puede encargarse de producir la invisibilidad oficial en el mercado de las drogas? Los encargados de vigilar el mercado, es decir, los agentes del Estado.

El mercado de "la guerra contra las drogas", en cambio, tiene como mercancía central los arrestos. La producción constante de arrestos es fundamental para el capital político que tanto anhela el Estado. ¿Cómo entender el arresto del Chapo? La figura simbólica del Chapo se volvió más lucrativa para los dos mercados como un "enemigo arrestado" que como el "mito del gran capo fugitivo".

La producción de arrestos requiere de información. ¿Quién puede garantizar buenos arrestos? Los productores, traficantes y vendedores de la droga. Dicho de otra manera: los narcotraficantes trabajan para los generales de "la guerra contra las drogas" igual que los generales trabajan para los narcotraficantes: dos mercados como gemelos unidos.

Tanto el Estado como los empresarios mayores del narcotráfico se benefician de la mitología que busca esconder la estructura de los dos mercados. Es decir, en lugar de analizar los dos mercados como gemelos unidos, se habla de capos, cárteles y corrupción. La figura del forajido tanto como la del policía o del político corrupto sirven para enfatizar la supuesta separación entre el Estado y el narcotráfico, y así salvaguardar la percepción de legitimidad del primero, tanto en Estados Unidos como en México o cualquier otro país.

Los dos mercados unidos, la "guerra" y el "narco", tienen otro producto en común: la muerte. El asesinato –la muerte súbita– y el encarcelamiento –la muerte lenta– son figuras necesarias para los mercados gemelos. El asesinato funciona como demanda y propaganda a la vez. El encarcelamiento funciona, entre otras cosas, como una especie de escuela técnica para formar empleados y microempresarios, y así garantizar un ciclo perpetuo de personas que se pueden arrestar.

Los dos mercados son trasnacionales, pero el motor principal, la sede de poder financiero y político del mercado de la guerra contra las drogas se ubica en los

Estados Unidos. El motor principal del mercado del consumo de las drogas ilegales también. Cuando ese motor trabaja a todo lo que da, los mercados menores también crecen y se benefician.

En este momento –el verano de 2014– aunque la muerte y el dolor racistas de esta guerra atacan sin descanso en Estados Unidos, el motor principal de la producción de la muerte se encuentra en México.

La frontera entre Estados Unidos y México no es una línea divisoria, es una línea que despacha valor, desprecio y muerte: el valor de la droga, y el desprecio y la muerte de la gente.

* * *

Entre el 12 de agosto y el 12 septiembre de 2012, un centenar de personas –en su gran mayoría sobrevivientes de, y familiares de personas asesinadas o desaparecidas en la llamada "guerra contra el narcotráfico" en México– viajaron más de once mil kilómetros por catorce estados, haciendo paradas en veintisiete ciudades de Estados Unidos. El objetivo del viaje: gritar su dolor frente a los arquitectos de la "guerra contra las drogas" y construir lazos en Estados Unidos con organizaciones de sobrevivientes y familiares de personas asesinadas o desaparecidas en esta guerra. Su objetivo: parar la guerra. Diego Enrique Osorno los acompañó en todo el viaje, con libreta y pluma en mano, escribiendo una crónica diaria para compartir en México algunas señales de vida desde el viaje del dolor, por los caminos del país diseñador de ese particular llanto que recorre México sin piedad. Aquí encontramos las crónicas de este viaje, las voces, los caminos, los encuentros y desencuentros, las esperanzas y desesperanzas.

✳ ✳ ✳

En este libro también encontramos frases que jamás se deberían haber escrito. Me refiero a frases que señalan hechos que jamás debieron haber ocurrido. ¿Qué hacer frente a la frase: "Al único que le desaparecieron una familia completa es a Carlos Castro"?

Dolor sin medida.

✳ ✳ ✳

Y en este libro encontramos breves retratos de personas que viajaron en la Caravana y personas que recibieron a la Caravana. Estos retratos, como las crónicas que los contienen, son también marchas y caminos y gritos y rabia contra la muerte y el dolor de esta guerra. A través de la mirada y la escucha de Osorno, aquí nos encontramos brevemente en el camino con personas como William Slemaker:

Descubriría por su cuenta que tras el concierto de Pepe Aguilar, tanto su hija, como su amiga, quienes viajaban a bordo de un Mitsubishi color perla con placas texanas, habían sido interceptadas por policías municipales de Nuevo Laredo. Luego, estos las habrían llevado con altos mandos de los Zetas. "Se las dieron a ellos, como si fueran un regalo", cuenta Slemaker, mientras en la Plaza San Pedro todo se va acomodando para que inicie esta mañana el evento de bienvenida a la Caravana por la Paz que recorre Estados Unidos. "Es cierto lo que dijo el poeta Javier Sicilia: si Juárez es el epicentro del dolor, Tamaulipas es la tierra del horror."

Como Rosa Elena Pérez:

Cuando salió de la morgue, una funcionaria se acercó a comentarle que en Reynosa se decía que el fin de semana habían secuestrado a más de cien muchachas, porque una de las bandas de la guerra tenía un pedido grande de entrega de chicas para un tratante de mujeres.

Como Daniel Vega:

Este domingo voy a cumplir un año de que me vine a Estados Unidos con mi familia. La última vez que estuve allá llegó un grupo de hombres armados a mi casa. Nos tiraron al piso a todos y empezaron a preguntarse a quién se llevarían: si a mi mamá o a mi tía. Al final se llevaron a mi tía. Desde entonces no sabemos nada de ella. No hemos encontrado su cuerpo. No la podemos enterrar. Para ellos, los malos, la vida y todo es un juego, pero para nosotros no", dijo en el salón de la NAACP, ante más de doscientas personas que escucharon también otros testimonios de víctimas de la guerra contra el narco en México.

Y como Juan Carlos y Rafael Herrera:

Viajaron a Poza Rica y se hicieron pasar como compradores de droga. Empezaron a infiltrar con lentitud el mundo subterráneo y bastante compartimentado de los Zetas, hasta que hicieron camaradería con un mando de la banda de la última letra, a quien le confesaron cuál era su verdadero motivo. El hombre se apiadó de ellos. Juan Carlos fue amarrado, vendado de los ojos y luego llevado hasta algún lugar cerca de Poza Rica, donde lo recibió el más alto mando de los Zetas en la zona. "Le dije: 'Somos gente de paz, quiero buscar a mis hermanos. No tenemos todo el dinero del mundo, pero sí estoy en la disposición de darles todo lo que tenemos'. El hombre que estaba ahí me dijo: 'No tengo a tus puercos. Y si los tuviera te los daría por tu dinero. No te mato porque este que te trajo aquí me lo pidió, si no estarías muerto'."

En todos estos retratos notamos algo en común: quienes hacen la búsqueda por sus seres queridos son los propios familiares. Ni los "narcos" ni las "autoridades" les apoyan en nada. En eso también están unidos los dos mercados, en la impunidad.

∗∗∗

La Caravana por la Paz. Así nombraron a su viaje. Era eso, es eso, lo que buscaban, lo que buscan. La paz. Pero no la "paz imperial", como describe Javier Sicilia, padre de Juan Francisco, poeta y principal promotor de la Caravana, en su larga entrevista con Osorno:

> Hay un ensayo de Iván Illich genial sobre la palabra *paz*. El problema de la palabra *paz* es que es otra palabra amiba y viene del mundo romano: *pax*. Es una paz imperial. Hay muchas formas de nombrar la paz. Contrasta muy bien por ejemplo cuando el judío decía *shalom* que es la paz y el ciudadano romano decía *pax*. Cuando decía la *pax* el romano, volteaba hacia el imperio, veía los estandartes imperiales, no es lo mismo cuando decía *shalom* el patriarca, el patriarca alzaba los ojos al cielo y pedía la bendición del altísimo para proteger el pequeño rebaño de Israel. Entonces el problema de la paz es que no se ha encontrado. Lo que vivimos ahorita es la paz económica, que es una paz violenta porque es la del despojo, la que ali-

menta a final de cuentas la guerra, la paz de las grandes trasnacionales, la paz del arrasamiento de la tierra, la paz económica que tiene una resonancia más con la paz imperial.

Esa distinción que nos ofrece Javier Sicilia entre una paz imperial, una paz económica del despojo y la paz que no se ha encontrado, es urgente. Pero tal vez no haga falta ni *pax* ni *shalom* para buscar esa paz perdida en México. Por ejemplo, está *bats'i kuxlejal*, una paz que no ve ni al imperio ni al patriarca. Es una paz que mira a la vida.

Las crónicas de Diego Osorno aquí reunidas nos comparten varios tramos de esa búsqueda, y ese compartir es en sí un disparo de aliento contra la guerra, un disparo de dolor e indignación contra los arquitectos de la guerra, contra Estados Unidos. Ese compartir, el trabajo del cronista comprometido, es también un abrazo vivo contra el olvido.

JOHN GIBLER

ITINERARIO DE VIAJE

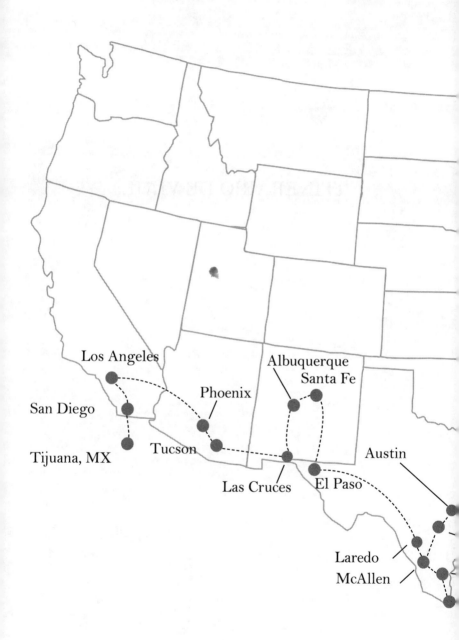

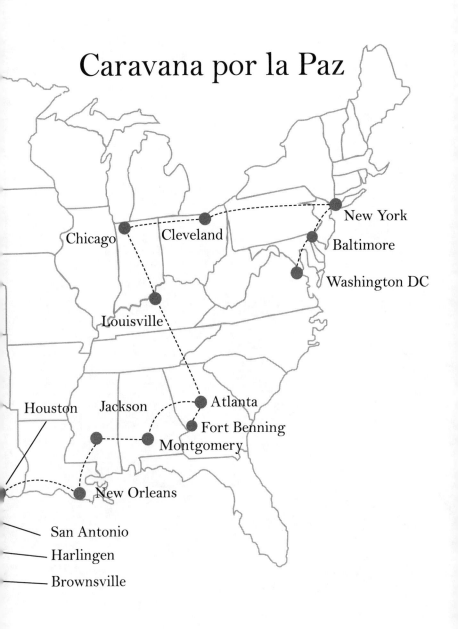

Caravana por la Paz

New York
Chicago Cleveland Baltimore
Washington DC
Louisville
Houston Jackson Atlanta
Fort Benning
Montgomery
New Orleans
San Antonio
Harlingen
Brownsville

A MANERA DE INTRODUCCIÓN
POR SENDEROS
QUE LA MALEZA OCULTA

A principios de noviembre de 2011, el poeta Javier Sicilia participó en la Conferencia Internacional de Política sobre Drogas, celebrada en Los Ángeles, California. Como parte de las actividades hubo un mitin en un parque del centro de la ciudad. Al comienzo del acto, activistas americanos se manifestaban a favor de la despenalización de la mariguana entre canciones de hip-hop y un ambiente festivo. Cuando le tocó hablar, lo primero que dijo Sicilia fue que él no venía a una fiesta. Que en México morían miles de personas y les pedía a los manifestantes, algunos sentados o acostados en el césped, que se pusieran de pie y guardaran un minuto de silencio. En realidad, cuesta trabajo conseguir silencios en una ciudad como Los Ángeles, pero ese día, Los Ángeles guardó un minuto de silencio por el dolor mexicano. Después Sicilia explicó la lucha en la que se había involucrado tras el asesinato de su hijo, Juan Francisco. Acabó su participación leyendo a Walt Whitman. La Conferencia Internacional tomó cariz. Por esos días, Sicilia, junto con Ted Lewis de Global Exchange, y Suzanne Gollin, presidenta de la Angelica Foundation, tuvieron la idea de buscar ese mismo efecto, pero llevado a otras potencias y a lo largo de casi una treintena de ciudades y pueblos de Estados Unidos. En aquella ocasión, después de su participación en el acto del parque, Suzanne organizó una cena privada con el poeta. Era 2 de noviembre; mientras Sicilia recitaba a Pound se sintió en el pecho la soledad del Día de Muertos, y bajo ese efecto empezaron los preparativos de la Caravana por Estados Unidos realizada entre agosto y septiembre de 2012.

Escribo esto una vez que acabó el esforzado viaje por Estados Unidos de un grupo de víctimas de la guerra contra las drogas. No se trata de un trauma (creo), pero todavía no puedo hacer que se detenga el flujo de tantas imágenes que presencié mientras los acompañaba a cruzar el imperio de costa a costa. Eso, junto a reflexiones que conocí en el camino, me asaltan y sabotean el esfuerzo que hago por llevar una vida normal después de todo, después de tanto. ¿Cómo tomarse un café y hablar de la cadenciosa caída de las hojas durante el otoño? No puedo por ahora. La Caravana me sigue llevando en sus adentros. Este libro busca llevar al lector por ese recorrido y descubrir la esperanza y heroicidad que puede haber en medio de una tragedia como la que vivió México entre 2007 y 2012. Porque los personajes de este libro son eso: personas esperanzadoras y heroicas que padecieron directamente la nebulosa de una época terrible y que pese a ello consiguieron fuerza para llevar sus pies y corazones a lo largo de un recorrido fuera de lo común.

Los dos autobuses y seis vehículos compactos que formaban la Caravana por la Paz en Estados Unidos, recorrían un promedio diario de cuatrocientos kilómetros. Sus tripulantes tenían entre tres y cinco eventos por día en los que reclamaban a las autoridades vecinas la responsabilidad compartida de la tragedia mexicana, pero también iban descubriendo que del otro lado hay un pueblo igualmente agraviado. Algunos sectores de la comentocracia mexicana criticaron desde sus sillones el esfuerzo inédito de los viajeros; sin embargo, la Caravana logró insuflar de poesía el debate político de un problema internacional y plantear, por primera vez de manera sistemática, organizada y en su propio territorio, el añejo reclamo latinoamericano contra Estados Unidos por su perversa política antidrogas.

Dios

Llegamos a Phoenix. La primera imagen es una mujer llorando con una cartulina en la que reclama la aparición con vida de Mauricio Aguilar Leroux. Algunos fotógrafos se le acercan. Ella empieza a llorar y baja la cabeza. Un hombre que está a su lado, un experimentado activista latino le dice: "No bajes los ojos. Que se vea tu llanto".

La noche que llegamos a la capital de Arizona, hablaron más de diez personas en un parque llamado Espacio para la Humanidad, que tenía al centro la escultura de un tornado psicodélico. Una de las personas que dio la bienvenida fue una mujer delgada y de baja estatura a la que presentaron como Peggy. Ella es una activista armada de gises, con los cuales raya mensajes inspiradores o de protesta en las calles de Phoenix. En el parque había algunos. Peggy traía un overol negro, una camiseta azul y un paliacate amarrado al cuello. También llevaba una gorra negra, al estilo rapero, puesta con la visera hacia atrás.

Desde 2010 empezó a interesarse en los presos de las cárceles de Arizona y a eso dedica la mayor parte de los escritos que raya en el suelo de la ciudad o que sube a su blog.

Toca el turno de hablar al poeta Javier Sicilia cuando la noche ha caído en Phoenix, y un viento que viene del desierto lo refresca todo. "Es un honor doloroso estar en Arizona", comienza su discurso.

Por la noche vamos a dormir a Shadow Rock, una iglesia cristiana protestante en las afueras de Phoenix. El anfitrión de los casi cien miembros de la Caravana, entre familiares de personas asesinadas, desaparecidas o ultrajadas en México, así como de activistas y periodistas, es un hombre que parece tacle defensivo de futbol americano, pero que en realidad es un hombre religioso: el reverendo Ken Heintzelman.

—¿Por qué recibir una caravana de mexicanos? —le pregunto.

—Nosotros estamos unidos con toda la gente para disminuir la violencia, para hacer del mundo un lugar mejor y la hospitalidad es una expresión de nuestra unidad y humildad.

—¿Una iglesia cristiana recibe a un grupo principalmente de católicos y alberga una ceremonia sufí?

—Primero, somos todos seres humanos con un Dios para todos.

—¿Y puede ese Dios parar la guerra contra las drogas ideada por Estados Unidos?

—La respuesta corta es sí. Siempre tendremos esperanza. Tendremos que ir directamente a la ambición y al miedo de la gente que promueve esta guerra. Decirles que hay otras rutas. Dios nos dará esa fuerza.

GUERRA

Como cientos de reporteros mexicanos, durante el sexenio del gobierno de Felipe Calderón me convertí en una especie de corresponsal de guerra en mi propio país. La palabra *guerra*, que sonaba remota, se empezó a colar a nuestro lenguaje cotidiano. Y cuando nos estábamos acostumbrando trágicamente al término, surgió un movimiento que reivindicaba la palabra contraria: *paz*. Para que la vida real pareciera una fábula, el líder de esa protesta contra la atmósfera creada por un gobierno militarista, era un poeta.

Javier Sicilia, tras el asesinato de su hijo Juanelo, encabezó recorridos por muchos rincones de México, aglutinando dolor desparramado y silenciado por el terror. Sus caravanas abrieron senderos que la maleza tenía ocultos y el país empezó a ver algunos rostros afligidos de padres, a oír la voz de mamás exigiendo justicia por sus hijos asesinados y calificados como criminales por las autoridades y los medios de comunicación.

El Movimiento por la Paz no quedó ahí. Un grupo de familiares de víctimas, dirigidos por Sicilia, hicieron una de las cosas más radicales que se han planteado en la política latinoamericana: una caravana de un mes por pueblos y ciudades de Estados Unidos, buscando la solidaridad de individuos y organizaciones americanas con la tragedia mexicana, y exigiendo al gobierno del país más poderoso del mundo, terminar con una política antidrogas que a los latinoamericanos, en especial a nosotros los mexicanos, nos ha dejado masacres, corrupción y dolor.

El viaje de protesta estuvo acompañado de algunas preguntas importantes: ¿alguna autoridad estadounidense ha reconocido la existencia del cártel de California o del cártel de Chicago?, ¿qué pasa con la cocaína colombiana cuando cruza de Matamoros a Brownsville?, ¿por qué los cargamentos se "invisibilizan" cuando son llevados de Brownsville, Texas, a Nueva York? En México hay muchos libros, crónicas y reportajes que demuestran la forma en que se lleva a cabo el tráfico de drogas; ¿por qué ningún periódico importante de Estados Unidos ha publicado un artículo de fondo que explique lo mismo pero en su territorio nacional?, ¿acaso no hay un sistema corrupto en el que se sustente dicho comercio?, ¿la droga llega por arte de magia a Denver?, ¿cuántas corporaciones policiales son sobornadas para que sea más fácil conseguir cocaína que jamón serrano en las calles de Manhattan?

Entre el 12 de agosto y el 12 de septiembre de 2012, un grupo de víctimas recorrieron más de once mil kilómetros, parando en ciudades como Los Ángeles, Phoenix, Tucson, Las Cruces, Albuquerque, Santa Fe, El Paso, Laredo, Brownsville, McAllen, San Antonio, Austin, Houston, Jackson, Montgomery, Chicago, Atlanta, Toledo, Nueva York, Baltimore y Washington.

No he tenido en mi vida ninguna experiencia más intensa y aleccionadora que la de haber acompañado a ese grupo de hombres y mujeres a quienes la vorágine de una guerra absurda les arrancó a padres, madres, hijos, hermanos y amigos, y que, a pesar de ello, consiguieron el espíritu necesario para hacer un viaje de protesta y conocimiento que en más de un sentido parecía una desmesura.

La primera vez que soñé con cruzar Estados Unidos de costa a costa pensaba en *En el camino*, de Jack Kerouac. Pero mientras realizaba el viaje, gracias a una larga conversación en Mississippi con Javier Sicilia, me di cuenta de que este viaje tenía que ver sobre todo con *La carretera*, novela de Cormac McCarthy, en la que el protagonista va con su hijo buscando el mar en un mundo postapocalíptico. Sicilia dice que a veces así siente: que busca el mar, para que el hijo no sepa que el país ya quedó devastado. El mar es entonces una metáfora del absoluto, de Dios.

"Hicimos un viaje de esa naturaleza. O al estilo *En el camino*, de Jack Kerouac. Ellos son los primeros que balbucearon el desastre que se anunciaba. Ahora estamos haciéndolo nosotros, pero ya con un sentido claro del desastre. Algún día vamos a llegar a nuestro destino", me dijo Sicilia cuando estábamos entrando a Washington después de un mes arduo y esperanzador en el que se acumularon las historias que forman este libro.

WANT?

—What do we want?
  —Peace!
  —When do we want it?
  —Now!

El muro

En la reunión de esta mañana estuvo un abogado de derechos humanos de Nepal, quien tenía un año de vivir en Albuquerque. También una representante de la gobernadora de Nuevo México, quien se marchó al poco tiempo para participar en un evento de apoyo a la campaña de reelección de Obama. El encuentro de los miembros del Movimiento por la Paz con activistas locales fue en el salón de la parroquia La Sagrada Familia. Cuatro mesas fueron colocadas en forma de cuadrado alrededor de un lienzo de la Virgen de Guadalupe. Uno de los que habló, un okupa, decía que soñaba con una primavera árabe para Estados Unidos y para México. Alabó la idea de Sicilia de recorrer Estados Unidos: "A ellos (los poderosos) no les gusta que nos conozcamos y que nos queramos. Por eso pusieron un muro allá en la frontera. Lo importante es que ese muro no impidió que ahora estemos aquí, mirándonos a los ojos y hablándonos con el corazón".

Frisbee

Antes de llegar a El Paso, Texas, la Caravana se detuvo en una gasolinera de las afueras con la intención de hacer un poco de tiempo para que los organizadores del evento de recepción tuvieran listo todo. La mayoría de los viajeros mexicanos se bajaron de los autobuses para estirar las piernas tras seis horas de carretera. Son muchas horas sentados, encarcelados en vehículos. En ocasiones, los tripulantes padecían del síndrome del submarino. En el estacionamiento, pequeños grupos improvisaban ejercicios de zumba, mientras que otros jugaban al *frisbee*.

Después de eso, la Caravana continuó su marcha y la recepción en El Paso, Texas, fue oxígeno. El Movimiento por la Paz, que encabeza Sicilia, tuvo la mayor bienvenida de la primera semana de su recorrido: en una plaza céntrica, conocida como la Plaza Lagartos, los familiares de víctimas de la guerra del narco caminaron entre dos filas de personas con veladoras encendidas en las manos que gritaban consignas de apoyo, mientras al fondo se oía la canción de "América" interpretada a dúo por Los Tigres del Norte y Calle 13. "De norte a sur, de este a oeste, ganaremos esta lucha cueste lo que cueste", se oía la consigna. Una frase habitual de las protestas, que en esta ocasión adquiría más sentido que nunca.

GARY

El escritor John Gibler, por quien me interesé en mirar la entraña de Estados Unidos, cuenta en su libro *Morir en México* (SurPlus, 2012) la historia de Gary Webb, un periodista que descubrió la conexión del tráfico de cocaína de Los Ángeles con las guerras centroamericanas y la denunció en un modesto periódico de California, *San José Mercury News*. Después fue desmentido por el gobierno, difamado por los grandes medios como *The New York Times* y humillado por sus propios compañeros de diario, hasta que se suicidó.

Unos meses después de su muerte, la CIA confirmó lo que Webb había denunciado. A diferencia de Bob Woodward y Carl Bernstein, protagonistas del Watergate, el periodista que descubrió el Iran-Gate es un completo desconocido que murió trágicamente. Quizá porque lo publicó en un periódico que no formaba parte del *mainstream* y porque los protagonistas de su historia eran centroamericanos e iraníes, personas que a algunos poderosos de Estados Unidos les parecen una raza con un valor inferior.

REFLEJOS

En Times Square las marquesinas proyectando los nombres de las víctimas del atentado de las Torres Gemelas con un fondo negro. Es un aniversario más del 11 de septiembre. La sección principal del *New York Times* lleva esquelas pagadas por Channel, Boss, Macy's... Las calles de la ciudad están llenas de gente pero se sienten solas. Las portadas de *Time*, *Newsweek* y *The New Yorker* aluden la fecha. En 2011, *The New Yorker* puso en su portada a Manhattan visto desde Brooklyn sin las torres gemelas, aunque en el reflejo de la bahía, sí se veían sus sombras.

CUBA

La primera vez que salí al extranjero fue a Cuba. Cuando tenía dieciséis años recibí una invitación para viajar a La Habana como poeta, a presentar una modesta revista que hacíamos en la Universidad Autónoma de Nuevo León. Aunque nací y crecí en Monterrey, una ciudad del noreste de México que mira más a Texas que al D.F., nunca estuve fascinado con Estados Unidos. Durante aquel viaje auspiciado por la Casa de las Américas, mi anfitrión fue el veterano intelectual Roberto Fernández Retamar. Con otros jóvenes poetas "revolucionarios" latinoamericanos, hablé por primera vez en contra del imperio.

Varios años después, viajé por primera vez a Estados Unidos para conocer Nueva York, el día de 2008 en que Barack Obama asumió la presidencia. A partir de entonces miré de forma distinta al país tiránico. Aprendí que un país puede ser varios países al mismo tiempo. El país invasor y racista podía tener también dentro un país multicultural y progresista. En aquella ocasión, tomé conciencia, sin remordimiento ideológico alguno, de lo cautivado que estaba por la cultura popular americana. Fui del jazz y la música cajún al cine de David Lynch y la revista *The New Yorker*. También pasé por la literatura de Allen Ginsberg, Jack Kerouac y el resto de la fauna *beat*. En medio de mi fiebre americana tardía, anhelé hacer algún día un viaje lento y terrestre, desde Los Ángeles hasta Washington: atravesar Estados Unidos de costa a costa se convirtió en uno de esos planes para el futuro que uno cree que nunca se concretarán.

Nunca imaginé que finalmente atravesaría el imperio de punta a punta, en compañía de gente humilde y sencilla movida no por una idea ni dinero ni por placer, sino por algo tan raro como el amor: el amor a sus otros humillados, secuestrados, torturados, desaparecidos o asesinados a causa de una guerra absurda aplicada en México e ideada por el gobierno de Estados Unidos.

Amor

Aunque la violencia no termina, la guerra ha amainado en nuestro país. Y esto no ha sido gracias a los cárteles de la droga o al presidente Enrique Peña Nieto, sino al Movimiento por la Paz que encabezó el poeta Javier Sicilia. Las marchas y los diálogos sostenidos en el Castillo de Chapultepec, pero sobre todo una odisea emprendida mediante caravanas populares, abrieron un sendero de resistencia e indignación para hacer frente a la barbarie a la que nos debimos acostumbrar por largo tiempo.

Sin la desmesura con la que estos caravaneros humildes recorrieron México y Estados Unidos, quizá la mesura se hubiera tardado más tiempo en llegar a los hombres del poder y hoy en día seguiríamos levantándonos por la mañana contando los muertos del día de ayer o viendo cada semana en los puentes de nuestras ciudades a personas colgadas y decapitadas. La matazón y el terror de lo que el ex presidente Felipe Calderón nombró como la guerra del narco han dado un ligero respiro a partir de 2013, aunque muerte y miedo prevalecen.

Falta que los responsables de tanto dolor rindan cuentas. Esa es la lucha que sigue para miles de afectados por una política antidrogas perversa creada en Estados Unidos y alimentada en México por la demagogia y el dinero. También es necesario encontrar a miles de personas desaparecidas primero por la vorágine de la guerra de Felipe Calderón y ahora por el discurso triunfalista de Enrique Peña Nieto.

Este libro intenta mostrar una parte de sus historias y su esfuerzo, así como reivindicar un acto épico. "Si venir a Washington", me contó Emilio Álvarez Icaza, "es una buena forma para encontrar a su desaparecido en México, lo van a hacer, y si tienen que ir a China, van a ir a China, porque esa es la fuerza y el tamaño de su amor. Todo esto no se entiende sin el amor de las víctimas a sus familiares. Por eso están aquí. Eso es lo que los hace soportar las jornadas, las miserias, las privaciones. Esto, esencialmente, es un acto de amor extraordinario".

México le debe mucho a estos hombres y mujeres que con dignidad y afán de justicia hicieron frente a la matazón que sufría su país.

Algún día, su odisea será reconocida.

DIEGO OSORNO
Hermosillo, Sonora, México, verano de 2014

CRÓNICAS

CRÓNICAS

1. EL CARAVANERO AUSENTE
LOS ÁNGELES, CALIFORNIA

Una arrugada cartulina con las palabras *Sonora e hijos* escritas entre seis fotografías de jóvenes sonrientes recorrió la calle Main durante la primera marcha de la Caravana por la Paz en suelo estadounidense. El reclamo escrito en un fondo verde fosforescente es una herencia de Nepomuceno Moreno, quien fue uno de los más activos miembros del Movimiento por la Paz, hasta que fue asesinado a plena luz del día en Hermosillo.

El pedazo de cartón con el que Nepo exigía justicia para su hijo desaparecido, fue entregado en Tijuana al grupo de familiares y activistas encabezados por Javier Sicilia, antes de que cruzaran la frontera rumbo a Los Ángeles. La viuda de Moreno les pidió que lo llevaran durante el viaje emprendido para protestar por la política antidrogas de Estados Unidos.

Juan Abelardo Villanueva, dueño de una bodega de la Central de Abastos del Distrito Federal, cumplió la encomienda. El comerciante caminó junto con cerca de cien simpatizantes e integrantes de la Caravana por el centro de Los Ángeles gritando consignas como: "¡Obama, escucha, estamos en la lucha!", y levantando la cartulina con la que Moreno, antes de fallecer, reclamaba a las autoridades mexicanas la desaparición forzada de su hijo.

Villanueva no ha sufrido la pérdida de ningún familiar ni tampoco es un activista profesional. Es sólo un comerciante que se incorporó en 2011 al Movimiento por la Paz, sin ninguna tragedia personal a cuestas. Lo hizo por solidaridad, después de participar en una de las primeras marchas realizadas en Cuernavaca. Desde entonces ha estado en la mayoría de los actos, incluyendo las Caravanas por el norte y el sur de México. Ahora, junto a una treintena de víctimas, participa en el arranque de esta nueva Caravana cargando la cartulina de Moreno.

La marcha evitó obstruir las vialidades del *downtown* de Los Ángeles. Todos los miembros de la Caravana caminaron de forma ordenada por las banquetas, respetaron los semáforos peatonales en rojo y cedieron el paso a los funcionarios que llegaban a la alcaldía de la ciudad para que acomodaran sus coches en los estacionamientos de los edificios oficiales. De repente, en lugar de parecer una marcha, se trataba de un recorrido solemne que no perturbó a los transeúntes de la zona. Unos turistas japoneses se acercaron a la Caravana y posaron sonrientes para una foto junto a los manifestantes.

Tras un espaldarazo recibido un día antes por parte de actores y directores mexicanos como Guillermo del Toro, Alejandro González Iñárritu y Diego Luna, la Caravana dejó el efímero contacto con la cultura de la fama de Hollywood y asumió el nivel de atención que esperaban sus organizadores, quienes cuestionaban que los diarios nacionales como *The New York Times* y *The Washington Post* ni siquiera hayan reseñado su presencia en territorio estadounidense.

Además de los integrantes del Movimiento por la Paz que participan en la Caravana, a la marcha se sumaron defensores de migrantes, investigadores que fueron jóvenes contraculturales en los años sesenta y policías americanos retirados que están a favor de la despenalización de las drogas. Uno de estos era Stephen Downing, quien fue jefe de la policía de Los Ángeles cuando el presidente Richard Nixon declaró la guerra contra las drogas y que, ahora, se unía a la Caravana por la Paz hasta su destino final en Washington.

"Cuando iniciamos aquella guerra el objetivo era reducir el uso y el abuso de drogas, pero no logramos ninguna de las dos cosas. Como jefe, no me gusta fallar, pero me di cuenta de que era la política la que estaba mal, no era culpa mía. Y ahora estamos en una carrera de armas entre el gobierno y los cárteles. No tengo duda: la guerra del narco es cien veces más dañina a ambas sociedades que el abuso de las drogas", comentaba el policía retirado al término de la marcha, cuando un hombre y una mujer hacían un *perfomance* de protesta, semidesnudos y amarrados con un mecate negro.

El policía Downing forma parte de la organización Law Enforcement Against Prohibition, que reúne agentes retirados de varias ciudades de Estados Unidos, opositores a la guerra contra las drogas. "La DEA no hace bien su trabajo en ningún lado. Ellos piensan que cortar la cabeza de la víbora funciona. Han pensado eso desde hace cuarenta años, pero no quieren darse cuenta de que no hay víbora: hay una hidra con múltiples cabezas. Y la manera de matar a la hidra es sencilla: hay que quitarle la comida. Pero la DEA no lo hace."

Cuando la protesta había llegado a su fin, con la voz algo cansada de tanto gritar, Abelardo Villanueva todavía levantaba la cartulina verde fosforescente. Estaba listo para llevarla el día siguiente al nuevo destino de la Caravana: Phoenix, Arizona, y ponerla frente a alguna de las armerías en las que es habitual que se consigan armas como la que se usó para asesinar al caravanero ausente, Nepomuceno Moreno. Una limpia antes de Arizona.

2. LA LIMPIA

Martha Ugarte, la activista que coordinó el paso de la Caravana por la Paz en Los Ángeles, recibía con incomodidad los abrazos y las felicitaciones que le daban por la mañana cuando llegó al mercado La Paloma. No nada más eran de despedida, porque la comitiva se preparaba para continuar su periplo rumbo a Phoenix, Arizona, sino también de agradecimiento: la noche anterior, Martha había dado un curso intensivo sobre cómo evitar pacíficamente un imprevisto que nadie sabe qué proporción puede tomar.

City of Terrace es uno de los barrios bravos de Los Ángeles. Los integrantes de la Caravana realizaban una vigilia por los muertos de la guerra del narco en la iglesia católica de esta zona, donde se mueven diversas pandillas, cuando se acercó un hombre vestido con shorts negros de basquetbolista y un chaleco de mezclilla, que llevaba a la vista una botella con un litro de cerveza Budweiser y una pistola escondida en su pecho. Durante cinco minutos, el hombre permaneció quieto en medio de la congregación. El rumor de que traía un arma escondida circuló en voz baja entre algunos de los asistentes, hasta que Martha Ugarte se acercó a él por atrás, lo abrazó y, de forma cariñosa, le pidió que le diera lo que traía escondido. El hombre accedió, sacó la escuadra negra y se la dio. No hubo aspaviento alguno. Todo sucedió mientras las oraciones de la vigilia continuaban de forma normal. La mayoría de los asistentes no se dio cuenta de lo que había pasado. El hombre se quedó inmóvil, ya sólo con su cerveza, y a los pocos minutos arribaron dos patrullas del condado de Los Ángeles. Uno de los agentes bajó del coche, vio el arma que traía Martha y preguntó de quién era. Ipso facto, el hombre de la cerveza fue sometido a rajatabla y subido a la patrulla. Entre balbuceos, dijo llamarse Marcus. Una vecina lo reconoció como uno de los muchos "teporochos" del barrio. El incidente acabó ahí. Ningún integrante de la Caravana levantó cargos. Después de la vigilia, hubo una cena en casa de unos migrantes zacatecanos a tres calles de la iglesia de City of Terrace. Hasta música de mariachi oyó la Caravana. El fantasma de un ataque como el ocurrido al público de un cine de Colorado se desvaneció.

Cuando le comentaba todo esto en el mercado La Paloma, Martha trataba de no darle importancia, pero reconoció algo: "Dije en ese momento que era un arma de juguete, pero era un arma de verdad. No quería alarmar a nadie".

Durante el mismo desayuno, la Caravana recibió una

visita inesperada más, pero de distinto corte. La de Francisco Durazo, hijo de Arturo *el Negro* Durazo. El descendiente de uno de los policías mexicanos de fama más siniestra en los años ochenta, acudió a expresar su apoyo a la Caravana por la Paz. Durazo, quien participa en Wheels for Humanity, una organización que consigue sillas de ruedas para niños minusválidos de países pobres del mundo, desayunó un plato de huevo con chorizo con Javier Sicilia y le dio sus impresiones sobre el problema de las drogas ilegales. Durazo radica en Los Ángeles desde hace veintinueve años, cuando su padre fue detenido por el asesinato del periodista Manuel Buendía. "Llegamos aquí víctimas de una persecución", dijo. En su opinión, el narcotráfico se incrementó en México a partir de 1982, cuando los gobiernos neoliberales llegaron al poder.

Sicilia fue cordial con Durazo, pero no le dio mayor importancia al encuentro. A la par del desayuno, estaba afinando detalles con su equipo cercano para tratar de conseguir una reunión en Phoenix, Arizona, con Joe Arpaio, *sheriff* del condado de Maricopa, conocido por su furibundo racismo. Los integrantes estadounidenses de la Caravana veían casi imposible que Arpaio aceptara tal posibilidad. También discutían si irían a alguna armería local a protestar, o bien si lo harían hasta Texas, otro de los estados americanos con leyes laxas para adquirir armas de alto calibre que luego son usadas en México por los cárteles de la droga. Lo que era un hecho era que la Caravana acudiría en Arizona a Tent City, una especie de gulag pero a cuarenta y tres grados de temperatura, donde son amontonados y puestos a trabajar los mexicanos detenidos por no portar papeles.

Al final del desayuno en el mercado La Paloma, antes de subirse a los dos camiones y las tres camionetas en los que los integrantes de la Caravana se trasladarían de Los Ángeles a Phoenix, Sicilia y los demás miembros recibieron una limpia con inciensos.

***

Junto a una gasolinera de Edinburgh, un pueblo perdido en el inmenso desierto de Arizona, Javier Sicilia, líder del Movimiento por la Paz, aseguró que el gobierno de Felipe Calderón buscaba aventar a "una fosa clandestina" la memoria histórica de la guerra del narco declarada en su sexenio. El poeta cuestionaba la decisión oficial de cancelar el conteo de muertos relacionados con el crimen organizado y anunció que buscaría, con el apoyo de otras organizaciones civiles, hacer un censo propio. "También buscaremos al nuevo gobierno. Cuando [Enrique] Peña Nieto estuvo en los Diálogos del Castillo, una de sus promesas [está grabada y firmada] es que si el presidente Calderón no publica la ley de víctimas, la publicaremos nosotros. Y esa ley de víctimas contiene el registro de las mismas, exige crear una estructura para recuperar esa memoria", explicó en este poblado desértico, donde los vehículos de la Caravana hicieron una breve parada antes de seguir su camino a Phoenix.

El dirigente del principal grupo opositor de la guerra del narco equiparó la omisión del gobierno de Calderón con un crimen de lesa humanidad. "Detrás de esto está la misma lógica de los nazis: 'los seres humanos que mueren en la guerra del narco son cifras, son cucarachas, ahora no importa ni siquiera contarlas'. Esto es el inicio de una forma de nazismo", afirmó el poeta. Aseguró también que la actual administración federal trató de ocultar sistemáticamente el número de víctimas, pero debió dar una cifra ante las exigencias del Movimiento por la Paz tras la primera reunión celebrada en el Castillo de Chapultepec el 23 de junio de 2011.

"En realidad nunca se supo [el número de muertos]. ¡Inventaron la cifra! Lo hicieron después de que nosotros se los exigimos en el Castillo. Dieron una cifra y a partir de esa cifra sabemos que mueren y mueren, pero el Pentágono después, quién sabe cómo lo hicieron, hablaba de ciento cincuenta mil. Y hay alcaldes que dicen que son doscientos cincuenta mil, y todavía falta saber la cantidad de fosas clandestinas que hay. Y lo vamos a saber, algún día lo vamos a saber."

3. LA BANDERA EQUIVOCADA
PHOENIX, ARIZONA

Nadie sabía lo que depararía la visita a los dominios de Joe Arpaio, el *sheriff* más duro del oeste americano, pero antes de ir, los integrantes de la Caravana por la Paz practicaron un poco de sufismo.

La ceremonia de la corriente mística y pacifista del Islam se celebró en privado en el salón principal de la iglesia cristiana Shadow on the Rock, en cuyas instalaciones acampó y durmió el grupo de casi cien forasteros encabezado por Javier Sicilia. Al término del desayuno, Montserrat Algarabel, de la comunidad sufí Nur Ashki Jerrahi, condujo la sesión matutina en la que participaron familiares de personas desaparecidas y asesinadas en México.

Este tipo de actos religiosos han sido habituales desde que arrancó el recorrido de protesta por ciudades y pueblos de Estados Unidos. "Pensamos que con la experiencia de esta Caravana, el Movimiento se acercará un poco más a otros grupos y creencias que también buscan la paz", decía Deysy Jael de la Luz, integrante de la comisión ecuménica del Movimiento, cuando la Caravana se dirigía ya a protestar frente a las cárceles a cargo del *sheriff* Arpaio.

El complejo penitenciario del condado de Maricopa está en un lugar desolado del suroeste de Phoenix. Lo conforman cuatro cárceles contiguas. Una para hombres llamada Durango, la de mujeres llamada Estrella, la cárcel juvenil, y Tent City, un campamento creado en 1994 por Arpaio, al poco tiempo de haber asumido el cargo como responsable de la seguridad en esta región americana, donde ha sido reelegido en cinco ocasiones, por mayorías aplastantes.

Tent City fue en algún momento una cárcel exclusiva para personas indocumentadas, quienes permanecían bajo carpas de plástico a temperaturas de cuarenta y tres grados, exactamente la misma que hubo al mediodía, cuando llegaron los manifestantes mexicanos. Arpaio suele argumentar que si los soldados estadounidenses en Iraq han estado en condiciones similares, cualquier preso debería hacerlo también. El *sheriff* también ha ordenado vestir de rosa a los internos y prohibir la televisión, salvo dos canales: el del clima y uno donde se dan recetas de cocina las veinticuatro horas.

Los integrantes de la Caravana por la Paz, acompañados por activistas locales, bajaron de los autobuses y caminaron a lo largo de la fachada principal del complejo penitenciario. Al poco tiempo, el agente Scott Vail, armado con una pistola calibre 45, se acercó para preguntar el motivo de la protesta. "Caravana por la Paz, ¿qué es esto?", dijo al ver el gafete de uno de los participantes. La manifestación continuó.

Un armatoste negro estacionado a la entrada de la cárcel juvenil sorprendió a los manifestantes cuando llegaron hasta ahí con sus cartulinas. Se trataba de un camión con un remolque sobre el cual había un tanque de guerra. El modelo Panzer Howitzer tenía escrito al costado: *"Sheriff Arpaio's War on Drugs"* (el *sheriff* Arpaio en la guerra contra las drogas) y *"Blasting Away at Drugs"*.

Frente al carro de combate empezaron a pasar los carteles que recuerdan a las víctimas mexicanas de la guerra contra las drogas, como el cartel del Vaquero Galáctico, artista callejero desaparecido en Monterrey; el de los familiares de cuatro hermanos apellidados Trujillo, desaparecidos en el sur de México; el de Mauricio Aguilar Leroux, desaparecido en Córdoba, Veracruz; el de Guillermo Navarro Campos, asesinado el 16 de junio de 2010; los de Coral, Judith, Mónica y otras chicas desaparecidas en el norte de México, así como el de Minerva Romero, desaparecida en Oaxaca. Incluso pasaron carteles reivindicando otro tipo de causas sumadas a la Caravana, como la de los comuneros de Tetelpan, municipio de Zacatepec, Morelos, quienes protestan contra Casas Geo.

Algunos cláxones de coches que pasaban por la avenida sonaban en apoyo a la manifestación. También hubo insultos. El conductor de un auto compacto redujo la velocidad, bajó la ventana y frente a un activista que cargaba una bandera de México, gritó en inglés: "¡Idiotas!, tienen la bandera equivocada. Están en Estados Unidos".

Con el armatoste blindado de fondo, Javier Sicilia dio su discurso de la protesta. Calificó al *sheriff* de Maricopa como un alucinado y sus cárceles como la negación de los padres fundadores de Estados Unidos. "Arpaio les está escupiendo su tumba", dijo, y en ese momento un trailero sonriente pasó tocando el claxon más ruidoso de la jornada de protesta.

Después Sicilia fue a reunirse con el *sheriff* más duro del oeste americano, a quien no pudo dar un beso.

Algunos familiares de víctimas de la guerra del narco, que por la mañana habían hecho sufismo por primera vez en su vida, se quedaron a ver y hacerse fotos de recuerdo junto al tanque de Arpaio. También estaban asombrados porque era el primero que veían en su vida.

✳✳✳

Por la tarde, el líder del Movimiento por la Paz, Javier Sicilia, fue recibido por el *sheriff* de Maricopa, Joe Arpaio, conocido por su postura a favor de la guerra contra las drogas y sus acciones antiinmigrantes. Tras una hora de reunión, el activista mexicano y el alguacil estadounidense no llegaron a ningún acuerdo, salvo el de tomarse algún día una cerveza juntos en Cuernavaca, Morelos.

Sicilia cuestionó a Arpaio el trato recibido por los presos de las cárceles a su cargo; el *sheriff* contestó que debería preocuparse por los presos mexicanos que pasan su encierro en condiciones peores.

Cuando el escritor increpó al ex agente de la DEA sobre las armas de exterminio proveídas por armerías de Arizona a los cárteles de la droga, Arpaio respondió: "Si usted quiere que controlemos las armas que van a México, ustedes tienen que controlar las drogas que están pasando a Estados Unidos".

A la reunión solicitada por Sicilia, ingresó un pequeño grupo de la Caravana por la Paz. Entre ellos Ted Lewis, de Global Exchange y promotor de la Caravana, quien al final consideró positivo el encuentro en términos mediáticos, pero lamentó que no hubiera realmente un diálogo. "Javier dio su opinión y Arpaio la suya. Sólo fue una amable confrontación", dijo. Luego del encuentro, Arpaio aclaró que para que se tomaran la cerveza en Cuernavaca tendría que pasar algo de tiempo, ya que no podía viajar a México porque estaba enterado de que algunos cárteles habían ofrecido hasta cinco millones de dólares por asesinarlo. Cuando Sicilia le dijo que seguirían con su recorrido por Estados Unidos, Arpaio farfulló: "¿Quién es tu chofer? Espero que no esté tomando cerveza".

4. El Peacemóvil
Las Cruces, Nuevo México

A casi una semana de dejar atrás México, había buen ánimo en el Peacemóvil, la oficina rodante en la que Javier Sicilia viajaba por carreteras desoladas de Estados Unidos, parando en pueblos y ciudades para protestar por la guerra contra las drogas. La razón era el encuentro en la víspera con el *sheriff* de Maricopa, Joe Arpaio, y la llegada a Nuevo México.

Peacemóvil es el improvisado nombre que se le dio al vehículo rentado en California en el que se trasladaba el líder del Movimiento por la Paz junto a su equipo cercano. La unidad cuenta con una mesa, cuatro sillas, y un sofá cama, además de una pequeña estufa de gas, un refrigerador y un baño. A diferencia de los dos autobuses en los que viajan familiares de víctimas, activistas y periodistas, los cuales tienen rotulados el logotipo de la Caravana en grande, la camioneta de Sicilia no tiene ningún letrero exterior que la identifique de forma especial, salvo, al frente, un cartón azul distintivo para personas discapacitadas.

El conductor de Peacemóvil es Bradford Brooks, un hombre de barba y pelo cano, bajo de estatura, que puede pilotear hasta aviones sin mayores dificultades y usa bastón para caminar, luego de que una serie de ráfagas de metralleta provocaran el aterrizaje forzoso de la avioneta en la que volaba por un pueblo perdido de Sudán, en 2005. A partir de ese día se le agravó una lesión en la pierna derecha, la cual padecía desde la adolescencia.

Brad, como le llaman con cariño algunos miembros de la Caravana, ha conducido los mil cuatrocientos treinta y tres kilómetros recorridos hasta esta ciudad y continuará el periplo hasta Albuquerque y luego Santa Fe, donde es probable que ceda el volante. El chofer de Sicilia es un trotamundos que, como consultor especial del Departamento de Estado de Estados Unidos, lo mismo trabajó en Angola en proyectos de paz al lado del libertador Jonas Savimbi, que con los comandantes de la Contra en la Nicaragua de los ochenta. "Los comandantes de la Contra me cayeron muy bien. Eran puros campesinos y decían que eran los únicos guerrilleros anticomunistas en el mundo, bueno, salvo los muyahidines", contaba Brad antes de que comenzara el acto del Movimiento en esta ciudad, en la pequeña cancha de basquetbol de Kline Park, donde nopalitos para comer, un sol abrasador y muy pocos activistas locales estaban esperando a los viajeros.

"Tanto en Angola como en Uganda tuvimos mucho éxito. Trabajamos en muchos pueblos. Del 94 al

98 estuve haciendo proyectos. Tenía oficinas en África. Entraba, negociaba, hacía política, el programa de trabajo y capacitaba a movilizadores de paz, a través de oficinas de Uganda, Mozambique, Liberia y Sudáfrica", explicaba. Como la mayor parte de los voluntarios estadounidenses de la Caravana, Brad aceptó participar como chofer de la Peacemóvil sin cobro alguno de por medio. Lo hizo a petición de su viejo amigo Jim Gollin, director de la Angelica Foundation, una de las principales organizaciones gestoras de los recursos para el viaje de protesta de costa a costa que hizo Sicilia y los integrantes del Movimiento por la Paz. Brad no conocía en persona al poeta, hasta que lo recogió una semana atrás en San Diego, California, para iniciar el viaje. "Este hombre [Sicilia] es un líder muy raro. No tiene ego, es alguien que absorbe muy bien todo. Todos están trabajando y él es la llama de la vela. No es un egoísta. Se trata de un alma poética."

Además de Sicilia y su compañera Isolda Osorio, el núcleo que habitualmente viaja en el Peacemóvil lo conforman Suzanne Gollin, presidenta de la Fundación Angélica, Ted Lewis, director del programa México de Global Exchange, y Brisa Solís, directora del Centro Nacional de Comunicación Social. Eventualmente, periodistas o activistas suben para aprovechar el tiempo de los traslados y tener entrevistas con el líder del Movimiento por la Paz.

"La onda en el Peacemóvil es muy buena. Sí, hay

tensión y estrés porque hay mucho que hacer, pero todos se llevan muy bien, por lo que yo he visto, aunque a veces hay discusiones, pero yo lo veo muy lubricado todo. Parece un muy buen equipo. Este viaje va a llegar más lejos que Washington."

5. EL ARMERO
ALBUQUERQUE, NUEVO MÉXICO

No había un entorno siniestro en el lugar. Había familias enteras y niños paseando por los pasillos entre los más de cien estantes registrados. La atmósfera del *Gun Show* era la de una típica exposición ganadera de Monterrey, de una feria de mole de Oaxaca, o una de dulces en Coyoacán. No sólo había armas. También se vendían otras cosas: desde pasteles caseros hasta sombreros vaqueros, y se promocionaba al Tea Party, el partido de ultraderecha estadounidense. A unos metros de donde otro armero llamado Walter Luke Romo, le enseñó y le dejó cargar a Sicilia un rifle de alto poder al cual llamó "Frankenstein", había un par de ancianos de pelo cano vendiendo caballitos de madera y otros tiernos juguetes campiranos. En realidad, es complicado describir lo que se siente estar en un lugar así. Se trata de una cosa de proporciones dickensianas.

Pero Araceli Rodríguez, la mamá de Luis Ángel, el policía federal desaparecido en Michoacán, salió temblando. "Después de lo de mi hijo, esta es la experiencia más fuerte de mi vida. Yo no tendría que estar aquí, pero aquí me tiene la gente mala, pidiendo justicia", dijo. Una de las casi cincuenta familiares de víctimas que participa en la Caravana por la Paz estaba conmovida y soltó un doloroso monólogo en torno a su flamante vivencia: "Tengo ganas de llorar porque veo bebés, porque veo la infancia, y porque es atroz preguntarle a un armero que me diga que no se necesita más que una licencia con un nombre para que uno compre las armas que uno quiera. Para mí esto es algo atroz, de verdad no hay palabras. Mi corazón está temblando, no sé si de coraje o de impotencia, porque yo no puedo parar sola esto. Ver a un bebé por aquí, ver a un niño de once años caminando. ¿A qué los están orillando, Dios mío? Nosotros somos los que estamos ayudando a que la infancia sea delincuente. Y no yo, ¿eh? Porque yo soy víctima. Víctima de que quizá una de estas armas que estaban aquí mató a mi hijo y a muchos más en México. Esto es atroz".

***

Al momento de entrar a visitar el primer *Gun Show* de su vida, Javier Sicilia se puso una chamarra para disimular los escapularios agolpados en su pecho y el chaleco beige al que, conforme avanza la Caravana, se le van agregando distintivos de diversas luchas migrantes. Uno dice *"No papers"*, otro *"No human being is ilegal"* y uno más *"We are* iniciativa". Cinco horas antes, el líder del Movimiento por la Paz se había enterado de que en esta ciudad se celebraba una de las ferias de armas en las que los cárteles mexicanos de la droga suelen proveerse de arsenales de exterminio.

–¿Por qué no nos damos una vuelta al rato por ahí? –le preguntó a Miguel Álvarez, director de SERAPAZ, quien en Albuquerque se sumó al periplo estadounidense.

La operación implicaba cierto disimulo para que el poeta y la comitiva que lo acompañara pudieran entrar sin problemas al evento de corte privado en el que se reúnen vendedores de armas de diversas partes de Estados Unidos. Junto con Sicilia iría Araceli Rodríguez, mamá de Luis Ángel León, policía federal desaparecido en Michoacán, así como algunos miembros del staff del Movimiento. Por eso el poeta estaba ocultando los distintivos de protesta de su pecho cuando llegó al Centro de Convenciones de Albuquerque, donde se celebraba la exposición de comerciantes de armas.

Luego de pagar los cinco dólares de entrada y dar unos cuantos pasos en el lugar, una mujer lo reconoció, se acercó a él y lo invitó para presentarle a un amigo armero para que platicaran. Sicilia aceptó y saludó a Roger Findle, quien lo invitó a sentarse en la trastienda de su puesto de armas de colección llamado Silver Spur (espuela de plata).

El armero estadounidense tenía a su lado un mamotreto de casi dos mil quinientas páginas, titulado *El libro azul sobre el valor de las armas*, en el cual se reseñan animadamente armas creadas desde la antigüedad hasta el día de hoy ("incluyendo las últimas pistolas estilo paramilitar", dice la contraportada), así como una entrevista con Wayne LaPierre, uno de los miembros "distinguidos" de la Asociación Nacional del Rifle, la organización que está en contra de mejorar la regulación de las armas estadounidenses, tal y como lo demanda el Movimiento por la Paz. La portada del *Blue Book of Gun Values*, la biblia que tenía el interlocutor de Sicilia, presumía también haber sido merecedor de la trigésimo tercera edición del premio anual del Editor Armero.

Findle le aseguró a Sicilia que las armas que él vendía eran para situaciones de defensa, a lo que el poeta le contestó que muchas de las que se vendían en estos lugares eran usadas para exterminar personas en México. El armero le dijo que no se necesitaba una pistola para matar a alguien. Le señaló unas pistolas de su puesto y le dijo que eran armas de la guerra de los Balcanes.

—Las personas que cometieron masacres en Yugoslavia, como quiera la habrían hecho con machetes, si no hubieran tenido estas armas. Nosotros en Estados Unidos tenemos derecho a las armas para defendernos de un régimen tiránico —dijo Findle.

—Pero ese tipo de guerra no es la que se está librando en México. La de México es una guerra distinta, llamada guerra contra las drogas —respondió Sicilia.

El armero aceptó la posibilidad de que las armas estadounidenses fueran mal usadas en México y dijo que su intención no era provocar dolor. Le comentó que él también creía en la paz, que era admirador de Gandhi y que incluso había estado con discípulos de él en la India. Luego Sicilia se levantó y empezó a despedirse.

—Bueno, muchas gracias. ¿Qué arma me vende para defenderme en mi país? —ironizó.

—Te puedo vender una espada —respondió el armero sonriendo.

—No creo que sea suficiente con eso —dijo el poeta.

Y luego rieron.

* * *

Al salir del *Gun Show*, Sicilia dijo a los reporteros que se le acercaron: "Ojalá fueran armas de defensa, como dice la Segunda Enmienda de Estados Unidos, las que se venden, pero aquí hay armas de exterminio. Yo me pregunto si no hay una perversión detrás de la guerra contra las drogas para aumentar la producción y la venta de armas".

Luego el poeta encendió su décimo cigarro del día y se alistó para dejar esta ciudad rodeada por montañas rosadas que al atardecer parecían sandías.

Diálogo con un poeta en silencio I

—¿Escribes un diario? —le pregunto al escritor Javier Sicilia,
mientras la Caravana por la Paz se enfila hacia Washington,
su destino final, tras un mes de viaje por veintiséis pueblos y
ciudades de Estados Unidos.

—No he estado escribiendo. Sólo mis artículos. Bueno, tengo algo de crítica literaria y análisis literario...
Estoy muy agradecido con la revista *Proceso*, que es en
donde escribo. Me han apoyado muchísimo. También
con la Iglesia, porque ha sido muy solidaria, pero no la
Iglesia jerárquica. Fuera de don Raúl Vera, la Iglesia
jerárquica me ve con mucha desconfianza, cosa que me
tiene sin cuidado. Pero la parte bella de la iglesia, los religiosos, sí ha sido muy solidaria con nosotros. Tú has
visto cómo en esta Caravana han sido los religiosos, los
franciscanos, los episcopales quienes han estado aco-
giéndonos y dándonos de comer.

El año pasado, cuando yo llegué al zócalo a la primera Marcha por la Paz, quienes estaban a mi lado
eran religiosos: Raúl Vera y Solalinde, y un montón de

hermanos y hermanas religiosos. Me acuerdo de que, ese día, me habló a un celular un amigo laico muy pegado a la jerarquía, Rodrigo Vera, que tiene un instituto en Querétaro. Me dijo: "Oye, ya se pronunció la Iglesia". Yo le dije: "¿La iglesia? Si la traigo aquí conmigo. No sé a cuál Iglesia te refieres". La Iglesia no es la jerarquía, es el pueblo. La Iglesia somos todos. Aquí en esta Caravana viene un pueblo. La gran parte de las víctimas son gente católica, creyente, dispuesta a conocer a otras Iglesias. A entenderlas. Creo que estamos entrando en una época muy ecuménica y esta Caravana es, en ese sentido, un rostro del ecumenismo. En cuanto a los grupos de Estados Unidos, Global Exchange ha sido fundamental y ha estado muy cerca en este esfuerzo. Recuerdo que el año pasado planteé la necesidad de hacer esta Caravana y Global Exchange tomó el reto. Me dijeron: "Va".

—*Don Julio Scherer cuenta en uno de sus recientes libros de memorias fragmentadas que se reunía contigo de manera regular para hablar de la muerte...*

—Sí, antes de la muerte de mi hijo nos reuníamos una vez cada quince días. Yo quería hacerle una entrevista a don Julio y él me dijo: "No, no le he dado nunca una entrevista a nadie en mi vida, yo soy el que hago las entrevistas, aunque lo quiero mucho no se la voy dar a usted porque cuando uno dice 'sí' una vez, entonces es para siempre". Estaba ahí Vicente Leñero y dijo: "Bueno, yo te propongo algo: ¿porque no nos juntamos a hablar de la muerte?" Le dije: "A ver, don Julio, vamos hablar de la muerte. A lo mejor me voy antes que ustedes, pero la lógica y la naturaleza dicen que es al revés y a mí me interesa el tema de la muerte, entonces, ¿por qué no nos juntamos?" Y eso hicimos, nos juntamos cada quince días a tomar un café ahí en *Proceso* y a hablar sobre la muerte, Vicente Leñero, Julio Scherer, el padre Enrique Maza y yo.

—*¿Cuándo empezaron?*

—En 2009, un año antes de la muerte de Juanito, y la muerte de Juanito lo interrumpió. Bueno, nos hemos reunido un par de veces más, pero ya no con la frecuencia que se quería. Y han sido cuentos muy interesantes. Julio Scherer es un hombre de pasiones profundas, de grandes pasiones, profundas, yo siempre digo que está mordido por Dios, y aunque él dice que no cree, esos temas le inquietan. Y si te das cuenta, Julio siempre está rodeado de católicos: Vicente Leñero, el padre Maza, yo, así como otro católico de otra especie pero a fin de cuentas católico, como Castillo Peraza.

—*En esas reuniones, ¿un hombre tan escéptico como don Julio Scherer te habla de que empieza a tener manifestaciones de Dios o algo así? Cuenta en sus memorias que recuerda mucho el momento en que murió su madre.*

—Sí, él viene del catolicismo, por lo menos de parte de su madre. De chico iba a misa y un día de la adolescencia dejó de creer.

—*¿Por qué querías entrevistarlo? ¿Te interesaba hacer un perfil extenso de él?*

—No, yo lo quería entrevistar porque lo estimo y admiro mucho.

—*¿Cómo lo conociste?*

—Lo seguí desde que estaba en *Excélsior.* Conocí primero a Vicente Leñero en un mal encuentro *[risas]*. Todavía no acaba de perdonarme. Yo trabajaba en la editorial de la UNAM y habíamos logrado que una de las revistas que hacía la universidad la hiciéramos los estudiantes, y a mí se me ocurrió hacer un número sobre teología de la liberación, yo ya había estado con los teólogos y estaba muy crítico, pero al final de cuentas era el único camino decente que había en ese momento. Entonces Graciela Carminatti, una amiga de Vicente Leñero y mía, me dijo: "Quiero que entrevistes a Vicente, pues acababa de salir *El evangelio de Lucas Gavilán".* Y yo pues tenía veinticuatro o veinticinco años, era un muchachito muy arrogante que venía de vivir una experiencia larga en los cinturones de miseria con los jesuitas y con los teólogos de la liberación.

—*¿En qué parte?*

—En lo que es ahora la Nahuacalli, antes eran zonas de paracaidistas. Y ahí había una misión jesuita. Ahí conocí con una barba "marxista" al que fue vocero de Fox, Rubén Aguilar. Yo era bien chavo y Leñero ya era mayor. En la entrevista con él empezamos a discutir y yo, en mi insolencia de joven, mi falta de sentido periodístico, entré en una polémica con él durante la entrevista, entonces Vicente estaba muy sacado de onda. Recuerdo que yo traía el pelo largo y la barba larga.

—*¿Y sobre qué discutían?*

—Lucas Gavilán. Yo no me acuerdo pero él sí, y me dijo: "Cabrón, llegó un momento en la plática donde te paraste, te saliste y me azotaste la puerta". Graciela Carminatti tuvo que terminar la entrevista y él se quedó muy sacado de onda. Y lo contó ahora en una de las narraciones que saca en la *Revista de la Universidad*.

—*Vaya, y eso que don Vicente Leñero parece un hombre muy fuerte.*

—Sí, a Vicente no se le olvidan las cosas, pero después nos hicimos muy buenos amigos; a partir de *El bautista*, mi primera novela, que a su esposa Estela Franco le gustó mucho. Estela es psicóloga, entonces le dijo a Vicente: "¡Invítalo!", y nos empezamos a reunir una vez cada dos meses Vicente Leñero y su esposa, Paco Prieto y su esposa, Ignacio Solares y su esposa. Yo iba antes con mi ex esposa y ahora con Isolda, y nos reunimos a hablar sobre Dios, sobre religión. A ellos les hace falta mucho, como son católicos pero no encuentran interlocutores, nos reunimos y hablamos de esas cosas. Y después conocí a Julio Scherer, pero fue cuando me contrataron en *Proceso* para que escribiera un artículo quincenal.

6. Atrisco vs el Cártel de Juárez
Atrisco, Nuevo México

Miguel García da la impresión de ser un vaquero salido directamente de una película del Viejo Oeste, aunque en realidad es un diputado respetado en el mundo migrante por impulsar la ley que permite a los indocumentados tener una licencia de conducir en Nuevo México, algo prohibido en la enorme mayoría de los estados de la Unión Americana. Pero en Atrisco, su pueblo, el vaquero Miguel García es más famoso por haber enfrentado al Cártel de Juárez.

El legislador por el Partido Demócrata se reunió el fin de semana con miembros de la Caravana por la Paz, durante el paso de esta por Albuquerque, la ciudad a la que pertenece Atrisco. "Acá en Estados Unidos, la gente cree que ustedes ya están conformes con la violencia dominante allá en México, que les gusta estar viviendo con los narcotraficantes... Pero ya vemos que no, que por eso ustedes han venido aquí, que por eso están haciendo este recorrido", les dijo a los integrantes del Movimiento.

García relató en español, con voz pausada, que la Parroquia de la Sagrada Familia, el lugar al que arribó la Caravana, fue el epicentro de una batalla contra tres bares vinculados a la organización mafiosa, cuando la lideraba el capo Amado Carrillo Fuentes en los noventa.

En aquella década, un grupo de feligreses se organizaron para cerrar la Cantina Cinco Puntos, el Salón Latino y Drift Line Inn Bar, que estaban a un kilómetro a la redonda. En los tres lugares había una pesadumbre cotidiana: se vendía alcohol y drogas a menores, además, constantemente ocurrían peleas y balaceras. "Usamos un método tradicional que usan los indohispanos para liar con la falta de lluvias o en momentos de intranquilidad social: la peregrinación con paradas en altares donde se ofrecen rezos, se menciona el problema y se proponen soluciones. De esta forma se da ánimo a la comunidad", explicó García en entrevista, bajo el cielo azul cobalto de Nuevo México.

García relató que poco a poco los habitantes de Atrisco dejaron de guardar silencio ante lo que sucedía. "Antes de las peregrinaciones veían lo que pasaba en su comunidad y volteaban la cara a otro lado; había balaceras y no reportaban nada porque tenían miedo de que los narcotraficantes fueran a buscarlos, los golpearan, quemaran sus casas o balacearan su carro. Se quedaban en silencio, pero las peregrinaciones llenaron a la gente de esperanza, hasta que la gente se convirtió en una muchedumbre."

Los pobladores empezaron a recabar pruebas de menores comprando cocaína y otras drogas en los bares, así como de accidentes automovilísticos provocados por servir alcohol a personas ebrias, algo prohibido en este condado de Bernalillo. García fue electo representante legislativo en 1995 y en ese momento la batalla del pueblo llegó al congreso. Otras iglesias y organizaciones de pequeños comerciantes se aliaron también.

Sin embargo, al mismo tiempo aparecieron las intimidaciones. Brent Bluntzberger, el periodista de *Albuquerque Tribune* que demostró la relación de los bares con el Cártel de Juárez, recibió un día una caja de madera que tenía adentro un pescado muerto. Alrededor de la nuca del pescado había un listón amarrado y en su gaznate estaban clavadas unas tijeras, un aviso característico de la mafia: la muerte va a venir pronto. Bluntzberger tuvo que abandonar Nuevo México de inmediato. Desde entonces vive en Seattle.

El diputado García también fue amenazado. Una mañana, después de salir a recoger el periódico, su hijo regresó llorando y le dijo que había unos gallos muertos en la cerca de la casa: las tres aves colgaban con las cabezas rebanadas. "La primera cosa que hicimos fue sentarnos a rezar, para no permitir que el miedo fuera a conquistar a mi hijo. Iba a ser el poder interno, ese poder espiritual de que no estamos solos en esta cosa, el que nos iba a ayudar."

Aunque las peregrinaciones continuaban y los reclamos de García en el Congreso subían de tono, para poder cerrar los bares, Atrisco decidió apoyar a un candidato chicano de nombre Ken Romero, al cargo de procurador, quien se comprometió a hacer una investigación a fondo. Una vez que ganó la elección, Romero inició la indagatoria. La gota que derramó el vaso fue una serie de ajusticiamientos entre los Ibarra y los Cabrera, dos familias de Nuevo México vinculadas al narco. A causa de la muerte de Carrillo Fuentes en el Distrito Federal, la lucha interna del Cártel de Juárez por la nueva repartición del poder llegó hasta Atrisco. Ante las ejecuciones, en lugar de reaccionar con miedo, los pobladores elevaron la protesta. Salieron a la calle, pero ahora no solamente peregrinaron, también bloquearon la carretera. La cantina Cinco Puntos fue la primera en ser cerrada por las autoridades, después el Salón Latino y finalmente el Drift Line Inn Bar. Los tres sitios funcionan ahora como iglesias reformistas y expendios de burritos.

"Por eso nosotros entendemos lo que están haciendo Javier Sicilia y todos los demás en Estados Unidos. Porque nosotros hicimos muchas caminatas aquí en nuestro pueblo, durante muchos años, y a veces parecía que no serviría para mucho, pero a fin de cuentas, a fuerza de esperanza, logramos lo que buscábamos. Pienso que con esta Caravana y su lucha va a ocurrir igual", dijo García.

Por la tarde, la Caravana por la Paz dejó la Parroquia de la Sagrada Familia de Atrisco y continuó su peregrinación hacia Santa Fe.

7. Castro en la DEA
El Paso, Texas

En la Caravana viajan algunos hombres y mujeres a quienes les desaparecieron en México a un hermano o a una hija. Al único al que le desaparecieron a una familia completa es a Carlos Castro. El 6 de enero de 2011, un grupo armado entró a su casa en Xalapa, Veracruz, y desde entonces no sabe nada de su esposa, Josefina Campillo, ni de sus hijas Johana y Karla, así como de Araceli Ultrera, la joven que trabajaba haciendo la limpieza de su hogar.

A partir de ese momento, Carlos Castro inició la búsqueda de su familia y ha visitado más oficinas públicas de las que debería: visitó las de la procuraduría de justicia de su estado, las de la Agencia Veracruzana de Investigaciones, los despachos de diversos peritos, las instalaciones centrales de la Procuraduría General de la República, los pasillos de la Secretaría de Gobernación y hasta el Castillo de Chapultepec, a donde fue a hablar con el presidente Felipe Calderón y con los candidatos de las elecciones presidenciales de 2012. Pero no ha sido suficiente.

Como parte de su peregrinación por espacios gubernamentales, Castro visitó la sede de la DEA y del FBI en esta ciudad, para protestar por la política antidrogas estadounidense. También, ahora por Estados Unidos, Castro conocerá otras sedes de poder norteamericanos, como las instalaciones donde fueron preparados los dictadores militares sudamericanos de los setenta y algunos de los oficiales de élite mexicanos que después fundaron los Zetas: la Escuela de las Américas, ubicada dentro de la base militar de Fort Benning, donde también llegará a protestar en unas semanas la Caravana por la Paz, como parte de su recorrido hasta Washington.

Junto al resto de los integrantes de la Caravana por la Paz, Castro se acomodó frente a la entrada del 660 de la avenida Mesa Hills Drive. Alrededor del letrero de El Paso Federal Justice Center, un grupo de artistas que acompañan al Movimiento colocaron una cinta amarilla de las que suelen usarse para delimitar las escenas de crimen, pero cambiaron la palabra *precaución* por *dea-th*, un juego de palabras con las siglas de la agencia antidrogas estadounidense y el significado en inglés de la palabra *muerte*.

Cuatro activistas sostuvieron la cinta portando camisas de protesta. Dos de las mujeres vestían camisetas que decían *"No more drug war"* (No más guerra contra las drogas) y las de las otras dos tenían alegatos sobre las quinientas mil personas presas en Estados Unidos por delitos relacionados con las drogas, así como la cifra de setenta mil personas asesinadas a causa de la lucha contra el narcotráfico en México.

Castro se acomodó de espaldas a la sede gubernamental al lado de Rubén García y Óscar Chacón, dirigentes de organizaciones estadounidenses que apoyan la Caravana por la Paz, así como del líder del movimiento, Javier Sicilia. Primero habló García, rodeado de cartulinas y mantas variopintas en las que se referían asesinatos concretos, desapariciones puntuales, se explicaban abusos de autoridad y se relataban desdenes oficiales. Después lo hizo Chacón, quien explicó que, históricamente en Estados Unidos, el tema de las drogas ha sido el pretexto para un encarcelamiento masivo de los habitantes afroamericanos, pero que en años recientes, este fenómeno represivo se ha hecho común también entre los latinos que viven aquí.

En ese momento, cuando apenas arrancaba la protesta, apareció una patrulla de Homeland Security, de la cual descendió el oficial Martínez, quien exigió a los manifestantes que quitaran dos mantas que habían sido colocadas en el piso, ya que obstruían el tránsito vehicular por el área del estacionamiento. Una de las mantas denunciaba una serie de desapariciones a las que da seguimiento el Centro de Derechos Humanos Paso del Norte y la otra preguntaba "¿Dónde está mi hijo? Los delincuentes no tienen madre". Ambas fueron retiradas, pero el agente estadounidense de la supercorporación policial creada para combatir el terrorismo luego de los atentados del 11 de septiembre de 2011, mantuvo su patrulla encendida a unos metros del mitin. El director de SERAPAZ, Miguel Álvarez, experto en mediaciones de diversas escalas, se acercó al oficial Martínez y no hubo mayor problema.

Otro agente de Homeland Security que llevaba una placa con el apellido López, llegó en apoyo de su compañero Martínez. Mientras la protesta frente a la sede local de la DEA y el FBI continuaba; con un impecable acento español, el agente López preguntaba sobre la situación en México. Decía que tenía familiares en la vecina Ciudad Juárez, pero desde 2007, por cuestiones de seguridad, no había cruzado el puente para visitarlos. El oficial López dijo que estaba sorprendido por lo que estaba viendo: no tenía idea de quién era Javier Sicilia y afirmó que nunca había venido alguien a protestar a estas instalaciones. "Nadie piensa en venir a protestar aquí", explicó. "Qué extraño es esto."

Cuando al fin llegó su turno de hablar frente a las instalaciones de la DEA y el FBI, Castro pronunció muy pocas palabras. Contó que tenía mucha esperanza de encontrar a su familia desaparecida y que no quería que a nadie le pasara lo mismo que a él. Que por eso estaba en el Movimiento por la Paz.

8. El periodista exiliado
El Paso, Texas

Por la mañana, antes de ir a su trabajo, Alejandro Hernández Pacheco se dio la vuelta por el Café Mayapan para encontrarse con la activista Cipriana Jurado, quien al igual que él recibió asilo político del gobierno de Estados Unidos, a causa de la violencia que se vive en México.

Jurado, una defensora de derechos humanos que encabezaba manifestaciones en contra de los abusos del ejército en Ciudad Juárez, llegó al Café Mayapan acompañando a los viajeros de la Caravana por la Paz, desde Santa Fe, Nuevo México, donde ahora radica.

Hernández, con casi veinte años de experiencia como camarógrafo de noticieros de televisión, jamás imaginó que alguna vez tendría que salir huyendo del país junto con su familia. Ni que sería miembro de una organización no gubernamental. Ahora vive como asilado político en El Paso y, junto con Cipriana Jurado y otros activistas y periodistas más, pertenece a la organización Mexicanos en Exilio. Fue una de las personas que recibió al Movimiento por la Paz durante su paso por la frontera colindante con Ciudad Juárez.

El camarógrafo mexicano vino a El Paso el 21 de agosto de 2010, unos días después de vivir la experiencia de ser secuestrado por una célula del Cártel de Sinaloa. Hernández huía, pero no a causa del grupo del crimen organizado, sino de la Secretaría de Seguridad Pública que supuestamente lo había rescatado.

"Fue un paso muy difícil de tomar: dejar tu casa, dejar todo, tu vida. Estuvimos día con día viendo los pros y los contras y decidimos venirnos para acá. No podíamos quedarnos, porque la Policía Federal nos había expuesto demasiado", relata Hernández en una larga entrevista, mientras en el Café Mayapan dan la bienvenida a los miembros de la Caravana por la Paz.

En julio de 2010, Hernández trabajaba para Televisa en Coahuila, y acudió junto con otros periodistas a reportear una manifestación a favor de la directora del penal de Gómez Palacio, Durango, quien estaba siendo investigada por permitir, supuestamente, que algunos reos salieran por la noche a cometer masacres en la región de la Laguna, que abarca ciudades de Coahuila y Durango. Después de eso, tres hombres armados los secuestraron y los llevaron a diferentes casas de seguridad, mientras negociaban la difusión de noticias favorables para la directora de la cárcel. Cuando la noticia de su secuestro se dio a conocer, la expectativa cobró proporciones mayúsculas. A punto de cumplirse una semana, el secretario de Seguridad Pública Genaro García Luna, convocó a conferencia de prensa para anunciar que la Policía Federal había liberado exitosamente a los periodistas secuestrados, entre ellos Hernández, quien fue presentado ese día.

"Es raro decirlo, pero cuando nos liberaron los chicos malos, fue prácticamente cuando empezó la pesadilla, porque la Policía Federal nos expuso ante los medios de comunicación, sin antes llevarnos con un médico. ¡Eran treinta y dos cámaras de video! Recuerdo que me puse a contarlas. Me acuerdo de que ahí me cayó el veinte y dije: 'Si nos perdonaron la vida, ahora ya no la vamos a librar'."

La situación empeoró cuando Hernández se dio cuenta de que durante la conferencia de prensa, el titular de la Secretaría de Seguridad Pública estaba mintiendo. "Lo que dijo García Luna no es cierto. Ellos nunca nos rescataron. Sí anduvieron ahí, escuchamos el helicóptero de la policía, escuchamos algunos disparos cerca de la casa donde nos tenían pero, como dijo García Luna, lo puedes checar en YouTube, eso de que entraron y nos resguardaron, no es cierto. Es mentira. Y esto está asentado en la declaración ministerial que hice en la Ciudad de México a los dos días que me llevaron con ellos."

"'¿Y el rescate?', me preguntó el agente. Yo le dije: 'No. No hubo tal rescate'. 'Pero es que el señor García Luna dijo que el rescate', me respondió. Yo le dije que pues no. A mí ni siquiera me enseñaron el guión que traían ellos de lo que iban a decir en la conferencia de prensa. Y yo ni siquiera lo quise contradecir ahí, delante de los medios, porque si lo hacía, al día siguiente hubiera amanecido muerto en el Hotel Abastos. Habrían dicho que no aguanté la presión y que me colgué o algo así."

Durante el evento de la Caravana por la Paz en el Café Mayapan, Hernández, además de estar con Cipriana Jurado, saludó y se fotografió con Javier Sicilia, con quien se ha reunido en las dos ocasiones anteriores que el poeta ha visitado esta ciudad. "Debo decir que estoy en Mexicanos en Exilio, pero ellos son activistas, derechohumanistas, y yo no. También hay otros periodistas asilados, pero uno está en Nuevo México, otro en Dallas. A veces asisto a las juntas de Mexicanos en Exilio, pero en ocasiones mi trabajo no me lo permite. Eso sí, cuando hay actividades, los ayudo."

Actualmente, Hernández está ayudando a varios periodistas y familiares de periodistas mexicanos asesinados a conseguir asilo político. Uno de ellos es hijo de Milo Vela, reportero del periódico veracruzano *Notiver*, quien fue asesinado. "Lo único que puedo hacer aquí es solidarizarme con la raza que está en México. Yo digo acá en Estados Unidos que, la verdad, hay que ser valientes para estar en Torreón, en Culiacán, en Juárez, en Tijuana, en Tamaulipas, en Monterrey. Eso no es lo mismo que estar como algunos conductores de televisión en D.F., a toda madre, diciendo: 'No tengan miedo, no pasa nada. ¿Por qué se van de México?' Están jodidos. Los quiero ver con una cámara y un micrófono en la colonia San Joaquín de Torreón. Ahí los quiero ver."

Antes de que acabara la reunión de la Caravana por la Paz, Hernández dejó el Café Mayapan para irse a trabajar. Por la tarde se reencontraría con Javier Sicilia, pero ahora, cámara en mano: trabaja para una televisora de Texas, donde lo más intenso que suele cubrir son accidentes automovilísticos o casos excepcionales como el recorrido de un grupo de víctimas de la guerra del narco por Estados Unidos que buscan la paz en México.

9. SLEMAKER EN LA PUNTA DEL ICEBERG
LAREDO, TEXAS

Yvette Martínez cruzó a México junto con su amiga Brenda Cisneros, porque querían asistir al concierto de Pepe Aguilar en la Feria de Nuevo Laredo. La joven estadounidense no imaginaba que atravesar el puente sobre el Río Bravo podría tratarse de algo fatal. Esa noche fue la última vez que su padre, William Slemaker, tuvo contacto con ella.

En los días siguientes, Slemaker, un corpulento conductor de trenes que viste camisas de inspiración vaquera, cruzaría también para buscarlas y se toparía con las oficinas de justicia mexicanas, un vasto campo minado donde cualquiera podía ser el enemigo. Descubriría por su cuenta que tras el concierto de Pepe Aguilar, tanto su hija como su amiga, quienes viajaban a bordo de un Mitsubishi color perla con placas texanas, habían sido interceptadas por policías municipales de Nuevo Laredo. Luego, estos las habrían llevado con altos mandos de los Zetas. "Se las dieron a ellos, como si fueran un regalo", cuenta Slemaker, mientras en la plaza San Pedro todo se va acomodando para que inicie esta mañana el evento de bienvenida a la Caravana por la Paz que recorre Estados Unidos. "Es cierto lo que dijo el poeta Javier Sicilia: si Juárez es el epicentro del dolor, Tamaulipas es la tierra del horror."

La desaparición de las veinteañeras ocurrió el 17 de septiembre de 2004. A la fecha, Slemaker sigue cargando en mítines una pancarta blanca donde viene una fotografía de su hija sonriente, así como las de otros estadounidenses a los que se tragó la violencia de la frontera tamaulipeca. La pancarta es grande pero no lo suficiente para el horror tamaulipeco: sólo caben quince de los más de cincuenta hombres y mujeres laredenses reportados como desaparecidos en México.

"Cuando son ciudadanos americanos, ponemos nuestro máximo esfuerzo en hallarlos", le aseguró un comandante de la policía ministerial de Tamaulipas a Slemaker. "Yo le contesté: 'Si primero buscaran a sus hijos mexicanos, encontrarían a los nuestros estadounidenses'." Slemaker cuenta que sabe de muchos casos de personas de Nuevo Laredo y de otras ciudades de Tamaulipas, con familiares desaparecidos o asesinados, pero que sus casos no salen nunca a la luz. "Ellos, allá en Nuevo Laredo, no tienen la voz para decirlo. Yo no tengo a mi hija, pero por lo menos aquí en Laredo sí tengo la voz y la uso también en nombre de los que no la tienen."

El comandante que le había prometido encontrar a su hija fue asesinado de forma espectacular a los pocos meses. En los periódicos del día siguiente afirmaron que era miembro de un cártel rival de los Zetas. Por esos mismos días, un agente retirado del FBI llamó a Slemaker para recomendarle que recurriera a la prensa y que no perdiera el tiempo creyendo en el gobierno norteamericano, mucho menos en el mexicano. El ex agente federal, quien había participado en el operativo de búsqueda de Pablo Escobar y en otras operaciones en Colombia, le dijo que cuando el FBI lo asignó a México se había dado cuenta de que el gobierno de Estados Unidos no tenía la menor intención de ganar en realidad la guerra del narco, que todo era una farsa. Por ello, mejor solicitó su retiro.

"Debo decir que a partir de ese consejo, uno de mis propósitos fue lastimar turísticamente a México. Ver si afectaba algo al gobierno y así buscaban a mi hija… Ni así la buscaron y lamento haber afectado al pueblo de Nuevo Laredo, pero me siento satisfecho porque al menos el secuestro de mi hija le costó millones en infraestructura turística al gobierno y porque advertí a otras personas de lo que podía pasarles si iban a Tamaulipas. No permití que la desaparición de mi hija fuera en vano y eso hace que me sienta algo tranquilo."

Slemaker continúa su relato y en la explanada de la Plaza San Pedro inicia una exótica ceremonia chichimeca preparada por las organizaciones de derechos humanos locales. A la par, en los jardines, algunos integrantes de la Caravana por la Paz desayunan burritos de huevo con jamón, auspiciados por las mismas agrupaciones. En ese momento llega Raúl Salinas, el alcalde de Laredo, quien mientras espera a Javier Sicilia va a saludar a Slemaker. De inmediato, el padre de Yvette le pregunta sobre una resolución pendiente del cabildo de la ciudad para exigir al gobierno federal mexicano que dé seguridad a los norteamericanos que pisan Nuevo Laredo. El alcalde refunfuña y le dice que eso lo tienen que hablar *off the record*, no delante de un reportero. Cuando el funcionario se retira camino al escenario donde será el evento, Slemaker se molesta y dice que sólo da largas a los temas importantes.

El acto comienza con la intervención de un sacerdote, después hablan mexicanos víctimas de la guerra del narco que vienen en la Caravana por la Paz y luego lo hacen estadounidenses que también han sido víctimas de la violencia, como Slemaker. Con su intervención, el alcalde de Laredo provoca malestar entre algunos de los más de cien asistentes por excederse de tiempo en el micrófono, pero también la alegría de otros, por decir de forma persistente que apoyará al Movimiento por la Paz liderado por Javier Sicilia.

Cuando toca el turno de Sicilia, el escritor menciona que este día en Laredo se ve "la punta del iceberg" de lo que está sucediendo en el fondo en México, a través de dos juicios de la corte local: uno por lavado de dinero a Enrique Morales y otro por tráfico de armas a Robert Jacaman, un conocido armero de la región texana.

"Lavado de dinero y tráfico de armas, esta es la punta del iceberg de lo que se debe atacar en Estados Unidos para ir a construir la paz que queremos en México", dice, y luego propone realizar una marcha desde ahí hacia las oficinas de la corte, donde se celebran, en ese momento, ambos juicios. La marcha está fuera de la agenda y ha sido improvisada una hora antes, luego de que la activista Eugenia Ogarrio, quien viaja con la Caravana, se enterara a través del *Laredo Tribune* de ambos procesos judiciales.

Al frente de la marcha se coloca de inmediato William Slemaker. El conductor de trenes dirige ahora la manifestación del Movimiento por la Paz. Lo hace cargando una manta blanca con la foto de su hija Yvette Martínez y la de otros estadounidenses desaparecidos en México como Sergio Ortiz, Samuel González, Gerardo González, Jerry Contreras, Pedro Villarreal, Gustavo Villarreal, Jesús Ruiz, Ruby I. Bolaños...

10. Los milagros pendientes
Álamo, Texas

En la portada más reciente del *Laredo Tribune*, en el que se da cuenta del paso de la Caravana por la Paz, sobresale Javier Sicilia rodeado por una nube de familiares de víctimas de la guerra del narco que cargan carteles de protesta. Rosa Elena Pérez, en cuanto tiene el periódico en sus manos, grita: "¡Coraaal!"

Acaba de encontrar, entre las muchas fotos que vienen dentro de la imagen de la primera plana, el retrato de la hija que desde hace poco más de un año anda buscando. "A lo mejor alguien de aquí compra el periódico, ve la foto de Coral y después me dice algo", comenta.

La Caravana ha detenido su paso rumbo a Brownsville y San Antonio para comer los tamales que les han ofrecido en Arise, un centro comunitario de este pequeño pueblo texano ubicado en los alrededores de McAllen, colindante con Reynosa, la ciudad donde estaba la hija de Rosa Elena la última vez que hablaron por teléfono. Coral trabajaba como edecán en Monterrey, lo mismo para Office Depot que para Pinturas Doal, y había viajado junto con cinco amigas más para pasar un fin de semana en la frontera tamaulipeca.

El 24 de julio de 2011, Coral llamó a su madre para decirle que volverían hasta el día siguiente. Pero no volvió y su celular mandaba al buzón todas las llamadas; al segundo día, lo mismo, además de que las mamás de las otras chicas tampoco sabían nada de sus hijas; al tercer día Rosa Elena acudió a la procuraduría.

Mientras recuerda aquellos días saca de su bolso negro unos oficios de la Procuraduría de Justicia de Nuevo León y los resultados de diversas pruebas de ADN que le han hecho en las morgues que ha visitado en el noreste de México. Entre el bulto de papeles viene una foto de su hija: es la original de la que lleva ampliada en las cartulinas de protesta y que acaba de publicar *Laredo Tribune*.

Al cuarto día, Rosa Elena viajó a Reynosa y la mandaron al anfiteatro. Dio las señas particulares de su hija, en especial un tatuaje en la parte baja de la cadera: tres estrellitas, una grande, una mediana y una muy pequeña. No había ningún cuerpo con esas características. "Me dijeron que yo tenía que ir constantemente al forense de Reynosa y a todos los forenses que estuvieran al alcance de mis posibilidades."

Cuando salió de la morgue, una funcionaria se acercó a comentarle que en Reynosa se decía que el fin de semana habían secuestrado a más de cien muchachas, porque una de las bandas de la guerra tenía un pedido grande de entrega de chicas para un tratante de mujeres.

A la semana de que Coral y las cinco chicas desaparecieron, Rosa Elena se enteró por las noticias de que unos niños habían sido liberados por la banda que había secuestrado a sus padres. Uno de los chicos dijo en la televisión que habían visto que además de sus padres, estaban amarrados de las manos y vendados de los ojos cinco hombres y seis mujeres. Esto había ocurrido en Cerralvo, un pueblo ubicado entre Reynosa y Monterrey.

"En cuanto lo supe fui a buscar a los niños con las fotos de las muchachas, para que los niños reconocieran a mi hija, pero ya se los habían llevado a Capullo, un centro especial donde no me dejaron verlos." Rosa Elena recordó que Coral le había contado que un hombre de Cerralvo quería contratarlas para que fueran a trabajar a un bar. "Pudo ser eso, o que las ha de haber parado alguno de los grupos de la carretera. Como eran seis mujeres jóvenes y bonitas, les han de haber preguntado qué hacían y ellas seguramente no supieron explicar que iban a bailar, no sé."

Pasó el tiempo y la desesperación crecía. Mónica, otra de las jóvenes con las que viajaba Coral, tenía cuatro hijos cuando desapareció. Uno de ellos de un mes de nacido. Los cuatro niños quedaron a cargo de su abuela, quien un día acudió al psiquiatra para conseguir ayuda. El psiquiatra le recomendó que también fuera con la hermana Consuelo Morales, directora de Ciudadanos en Apoyo a los Derechos Humanos (CADHAC), con quien también acudió después Rosa Elena. A partir de entonces, la organización regiomontana que forma parte del Movimiento por la Paz les ofreció ayuda psicológica y jurídica.

"Después conocí al señor [Javier] Sicilia en Monterrey, a través de la hermana Consuelo. Lo conocí en la procuraduría de Nuevo León, porque el señor Sicilia va cada mes a acompañarnos a las reuniones privadas con el procurador. Va también un bufete de abogados, porque las víctimas tenemos abogados gratis, tenemos el psicólogo gratis. Tenemos mucha ayuda las personas con familiares desaparecidos, muertos o muertos extrajudicialmente."

En esas reuniones conoció a otros familiares de desaparecidos, ya que CADHAC lleva ciento cuarenta y nueve casos de este tipo. Conoció al padre de un artista callejero apodado el Vaquero Galáctico, desaparecido por la policía de Monterrey en 2009, quien también viaja con la Caravana por la Paz, cuyo destino final es Washington. Su nombre es Melchor Flores y está en la mesa contigua, platicando con familiares de personas desaparecidas, pero de Michoacán. Rosa Elena dice que ella nunca había venido a Estados Unidos y que ni le interesaba, pero que está sorprendida de algunas cosas.

"Aquí en Estados Unidos hay gente que nos escucha. Gente muy sensibilizada. Cosa que en México no hay. En Monterrey, cuando les platicas que desaparecieron a tu hija, o se asustan o no quieren saber nada, porque no quieren tener problemas. Si acaso tus vecinos, pero la otra gente no. Para la otra gente es un pan de cada día, es común que haya secuestrados, desaparecidos o muertos, pero aquí no. Aquí hemos visto gente dispuesta a escucharnos."

En el centro comunitario Arise empiezan a tocar "La Bamba" y Rosa Elena empieza a llorar: "No debemos perder la fe en que algún día Dios nos va a hacer el milagro. Aunque veo en la Caravana que ahorita Dios tiene mucha tarea para hacernos tantos milagros, pero nos los va a ir haciendo". Luego enumera las historias de las que se ha enterado en el viaje: "Doña Mari con sus cuatro hijos desaparecidos, Olga Reyes que le mataron a toda su familia, la señora Margarita a la que le entregaron un cuerpo decapitado, supuestamente de su hija, que no es; igual a la señora Araceli, que le mandaron un video en el que destazaban a su hijo; o la señora Lourdes, a la que le mataron a su hijo por la espalda. Todas las personas que van aquí son dignos de admirarse. Vamos por la misma causa: que ya no haya tanta injusticia, que ya no maten a tanta gente".

En eso pasa Javier Sicilia frente a las mesas, rumbo a un salón del centro comunitario Arise donde ofrecería una conferencia de prensa y después sembraría un árbol como metáfora de la esperanza que busca la Caravana por la Paz en su viaje por Estados Unidos.

Diálogo con un poeta en silencio II

—¿De qué se trata este esfuerzo? ¿En qué tipo de fe te basas para realizar esta cruzada? Durante la visita a la capilla de Rothko, en Houston, hablaste de la poesía y la fe que inspiran esta Caravana.

—La base de todo esto está alimentada no sólo por la poesía, sino también por la fe. Rothko es un personaje que viene de la tradición icónica. El ícono no es una pintura, es un umbral, y está hecho para la contemplación. Eso es algo parecido a lo que somos nosotros. De hecho hay una anécdota muy bonita.

Había una viejita en Rusia que poseía un ícono muy antiguo, entonces fueron los funcionarios del *Ermitage* para decirle que tenía que entregarlo al museo y la viejita se negó. Dijo: "No, porque lo van a encerrar en un museo y un ícono no es una pintura, no es para estar en un museo. Debe estar en una iglesia, porque es para rezar…." Tú tienes que contemplarlo hasta interpretar lo que está detrás del ícono. Tienes que penetrar en el misterio de la resurrección del padre. Creo que

Rothko, intuitivamente, viniendo de la tradición judía, hizo esto.

Rothko, después del nazismo, es una prefiguración del horror que estamos viviendo ahora, del desvanecimiento del ícono fundamental que es el hombre, el ser humano. Los nazis, ese grupo que por primera vez en la historia de la humanidad quiso borrar cualquier vestigio de humanidad, cualquier vestigio de recuerdo. Los campos de exterminio y el horno crematorio eran eso. Y en México está sucediendo algo muy parecido al no querer contar a los muertos, al mantenerlos en fosas comunes, el acto de los criminales de disolverlos en ácido es de la misma proporción: es algo inédito en la historia de la humanidad querer borrar los vestigios de la memoria y de la presencia. Y Rothko brinca eso y nos deja aparecer el lugar de la ausencia, donde está Dios, pero como ausencia. Donde el hombre ha borrado el umbral con el cual podemos mirar.

Si algo pudiera ilustrar mi fe, son los cuadros negros de Rothko.

11. Una cama para pasar la noche

De todas las historias que escuchó Bob Jaffer, la que más conmovió al empresario fue la de Margarita López, una mujer de Oaxaca que busca a su hija desaparecida en abril de 2011 por ser esposa de un militar de las fuerzas especiales del ejército mexicano: "Me emocioné porque sentí cómo me tocaban con lo que decían, y sentí que yo también tenía que hacer algo".

Al final del acto de la Caravana por la Paz, Jaffer se acercó a preguntar en qué podía ayudar. Cuando lo hacía, notó, entre el murmullo, que los viajeros tenían la espalda molida tras dormir la noche anterior en el suelo de una iglesia de Harlingen.

A dos semanas de haber iniciado su periplo de protesta, el piso como cama es lo habitual en el recorrido de activistas y víctimas de la guerra del narco por Estados Unidos. Los miembros de la Caravana por la Paz se transportan en dos autobuses rentados, un par de camionetas y una oficina rodante en la que viaja Javier Sicilia.

Hasta ahora, la Caravana ha estado en doce de las veintisiete ciudades que tiene contemplado recorrer en un mes. En cada una de las paradas, sus integrantes han tenido una intensa rutina para sostener reuniones con organizaciones estadounidenses, vigilias por la paz, actos religiosos y mítines de protesta. La odisea de casi diez mil kilómetros contra la política antidrogas de este país acabará en Washington el 12 de septiembre.

Cuando Jaffer oyó lo de las espaldas doloridas, decidió ofrecer las habitaciones que quisieran en uno de sus hoteles en San Antonio para que los miembros de la Caravana durmieran sobre un colchón antes de reanudar su viaje.

"Yo soy de Kenia y esto que viven ustedes es otra cosa a lo que se ha vivido allá: ¡setenta mil muertos!", dijo el empresario de fe musulmana, quien descubrió al grupo encabezado por Javier Sicilia tras acudir a un evento celebrado en el salón de la iglesia San Leonardo, un centro católico de San Antonio donde es común que se lleven a cabo encuentros interreligiosos.

Jaffer vivió en Eagle Pass, una ciudad texana que colinda con Piedras Negras, Coahuila. "Tenía mis negocios ahí, pero empecé a ver cómo estaban cambiando las cosas y me moví desde hace algunos años. Tenía que cuidar a mi familia."

Antes de que la Caravana retomara su camino, el dueño del Sleep Inn despidió a los viajeros y les deseo buen camino hacia Austin y Houston, las últimas dos ciudades de Texas por visitar antes de entrar al estado de Louisiana. Jaffer les habló un poco del hotel de tres estrellas en el que habían dormido y les platicó que los empleados del lugar eran originarios de Sudán, Kenia, Ruanda, Irán, Iraq, Guatemala y Bangladesh: países cuyos nombres, como el de México, remiten a la palabra *guerra*.

El líder del Movimiento por la Paz, Javier Sicilia, le dio a Jaffer un beso de despedida.

Algunos de los familiares de las víctimas de la guerra están cansados por la dinámica diaria, pero también sorprendidos por el recibimiento que han tenido. María González, madre de Andrés, un trailero de Puebla que despareció cuando recorría la carretera La Ribereña por Tamaulipas, dijo que durante el viaje ha encontrado consuelo y que en Estados Unidos, sobre todo, está buscando algo que en México no ha encontrado: "Llamo al presidente Obama a que tenga misericordia, porque nuestro presidente, Felipe Calderón, ya no la tiene".

12. SEMBRAR UN ÁRBOL
AUSTIN, TEXAS

Después de haber pernoctado en el Sleep Inn de San Antonio, la periodista Paty Estrada, del diario *La Estrella*, preguntó en una rueda de prensa a Javier Sicilia de dónde sacaban el dinero para recorrer Estados Unidos de costa a costa. El escritor le respondió que viajaban con el apoyo de la Angelica Foundation y de otras organizaciones más, las cuales habían reunido fondos de casi trescientos mil dólares para que cerca de ciento diez personas pudieran participar en la Caravana, la cual se empezó a organizar desde finales de 2011.

Sicilia recalcó que, además, en el camino era común que recibieran muestras de apoyo imprevistas. "Lo más importante es la generosidad que nos ha alimentado y hospedado. Es un dinero que no se ve, porque es amor, generosidad y pedagogía de la paz", dijo. Y luego relató a grandes rasgos la historia de Bob Jaffer, un hombre que había oído los testimonios de los familiares de las víctimas de la guerra en México, se conmovió y les ofreció una cama para pasar la noche en San Antonio.

Durante el paso de la Caravana por Austin, Sicilia dio una conferencia de prensa en el interior del capitolio de Texas, la sede del poder estatal, aunque lo hizo sentado en las escaleras del vestíbulo principal. "Esta guerra lo único que está dejando es el horror y la destrucción de la democracia y él [Obama] lo sabe", dijo Sicilia, quien lanzó un nuevo llamado para que los gobiernos de México y Estados Unidos tomen el camino de la paz bilateral. "Hacemos también un llamado a los gobiernos latinoamericanos para que intercedan en favor de la paz."

Sicilia consideró lamentable e irónico que mientras un grupo de mexicanos viene a Estados Unidos a hacer una caravana por pueblos y ciudades para hablar de la paz, el gobierno de Estados Unidos mande instructores de tiro para hacer la guerra en México y, peor aún, que estos sean baleados por policías mexicanos. Durante un acto previo en las afueras del capitolio texano, Sicilia reiteró que la paz en México pasa por la legalización de las drogas y por el control de las armas de exterminio que se venden en Estados Unidos, así como por un ataque frontal al lavado de dinero.

En la rueda de prensa, la reportera texana del diario *La Estrella* le preguntó si creía que con el viaje que estaban haciendo por Estados Unidos en realidad iban a conseguir algo. "Nosotros no estamos en este juego de medir nuestros actos por resultados. Nosotros simplemente somos fieles a la paz, al amor y a la dignidad humana. Quien no quiera encender una vela será devorado por la oscuridad. No es nuestro caso. Nosotros estamos sembrando un árbol", respondió.

13. Cómo destruir un AK-47
Houston, Texas

Una sierra industrial fija sobre una mesa de madera es acomodada en la explanada de la solitaria Plaza Guadalupe, donde, parece, está por celebrarse una extraña ceremonia. La sierra se queda por un momento a la intemperie, en medio del sol abrasante de la mañana texana, mientras que los activistas que viajan con la Caravana por la Paz van por un AK-47 y una magnum y las colocan a su lado.

La mesa de madera y la sierra industrial son de Jesús, un hombre que lleva sus apellidos tatuados en cada uno de sus brazos morenos: Salguero y González. El arma de asalto militar y la pistola de largo alcance fueron compradas el pasado fin de semana en un *Gun Show* de Houston. La dueña de la pistola magnum –una de las preferidas de los sicarios mexicanos– es una fotógrafa extranjera que la compró sin tener identificación oficial alguna, y luego la donó al Movimiento. Ella es parte de la Caravana por la Paz.

Dentro de la iglesia católica frente a la plaza, los familiares de las víctimas de la guerra del narco en México que viajan en la Caravana reciben la bendición del sacerdote Jerry Kelly. "Ustedes han decidido luchar por una causa justa. Yo rezaré por su camino", les dice. En ese momento, los viajeros ya saben que no podrán ir a Nueva Orleans, como lo marcaba su itinerario: la llegada del huracán Isaac tiene en alerta al estado de Louisiana; en cambio, irán para Mississippi, a la ciudad de Jackson.

Los familiares de las víctimas de la guerra del narco salen de la iglesia y se encaminan hacia la Plaza Guadalupe. El sitio es el corazón de la comunidad hispana en esta ciudad. Cada 12 de diciembre, día de la Virgen, se llena de paisanos, pero ahora la explanada apenas tiene gente. Una veintena de fotógrafos con sus cámaras y tripiés se han puesto a unos metros de distancia de la sierra industrial y de las armas de fuego. En medio de ambos hay imágenes de una decena de personas secuestradas, desaparecidas, vejadas y asesinadas en México.

El acto empieza. El investigador John Lindsay Poland anuncia desde un micrófono que las armas que están ahí serán cortadas dentro de un momento. Eso explica la sierra industrial fija sobre la mesa de madera.

Durante su recorrido por Estados Unidos, el Movimiento por la Paz demanda al gobierno de Barack Obama no la prohibición de la venta de armas para cacería o autodefensa, sino su regulación para impedir que estas sean conseguidas por cárteles de la droga en ferias populares donde se venden como algodones de azúcar y luego son usadas en México para desatar pandemonios de fuego.

"El derecho a poseer armas también debe tener sus límites, si no se dejaría a cualquier individuo tener armas nucleares", afirma Lindsay durante su intervención.

Junto a Lindsay están cinco integrantes de la Caravana por la Paz: Lourdes Campos, mamá de Guillermo Navarro, a quien le dispararon en varias ocasiones en la espalda con un cuerno de chivo cuando estaba sentado trabajando delante de su computadora; Olga Reyes, quien ha visto como han sido asesinados seis miembros de su familia, reconocida en Ciudad Juárez por su defensa de los derechos humanos y sus críticas al ejército mexicano: "Mis seres queridos fueron acribillados sin piedad por armas conseguidas aquí. Las armas que supuestamente son para el deporte, se usan para hacer masacres en México"; Zacario Hernández, un activista tzotzil que permaneció preso cinco años en Chiapas, acusado de posesión de armas de uso exclusivo del ejército y después se comprobó que era falso: "En México", dice el indígena chiapaneco, "las armas no sólo se usan para asesinar. También se usan para criminalizar a los marginados y a los defensores de derechos humanos"; Araceli Rodríguez, mamá de Luis Ángel León, un policía federal desaparecido junto con otros siete agentes cuando se dirigían a un operativo en Ciudad Hidalgo,

Michoacán: "Un integrante de la Familia Michoacana dice que los secuestraron y los mataron de un balazo en la frente con las propias armas que llevaban. Ellos están muertos y jamás tendré el cuerpo de mi hijo. Las armas con las que los mataron también están desaparecidas y es probable que continúen matando personas... No queremos que sus armas sigan creando más albercas de sangre en México"; y Margarita López, madre de Yahaira, una joven de diecinueve años desaparecida, torturada, violada y luego decapitada en Oaxaca.

Javier Sicilia se acerca después a la sierra industrial que José Peguero González usa para cortar tubos, ángulos y piezas de metal de una compañía que fabrica torres petroleras. Coloca una careta de protección en su rostro y comienza a cortar el cuerno de chivo con la sierra. De la confrontación entre la cuchilla y el metal del arma saltan pequeñas chispas que apenas se perciben por el sol intenso. La AK-47 ha quedado dividida a la mitad. Lo mismo pasa con la pistola magnum cuando pasa por las manos del poeta que lidera el Movimiento por la Paz.

Después, los cuatro trozos de las dos armas son tirados al piso y golpeados con un mazo por las cinco víctimas de la guerra del narco que acaban de dar su testimonio, al tiempo que Janice Gallagher canta a capela *"Blowin in the wind"*, de Bob Dylan:

> *¿Cuántos caminos una persona debe de caminar*
> *antes de que lo llames un hombre?*

¿Cuántos mares una paloma blanca debe navegar
antes de que duerma en la arena?
¿Cuánto tiempo tienen que volar las balas de cañón
antes de que sean prohibidas para siempre?
La respuesta, mi amigo, está soplando en el viento,
la respuesta está soplando en el viento.

¿Cuántos años puede existir una montaña
antes de que esté decolorada por el mar?
¿Cuántos años puede la gente existir
antes de que le sea permitida la libertad?
¿Cuántas veces un hombre puede voltear la cabeza
pretendiendo que no ve?
La respuesta, mi amigo, está soplando en el viento,
la respuesta está soplando en el viento.

¿Cuantas veces un hombre debe alzar la vista
antes de que pueda ver el cielo?
¿Cuántos oídos debe tener un hombre
antes de que pueda escuchar a la gente llorar?
¿Cuantas muertes tendrán que pasar hasta que él sepa
que mucha gente ha muerto?
La respuesta, mi amigo, está soplando en el viento,
La respuesta está soplando en el viento.

Todo termina cuando los cuatro trozos, más los cargadores, son acomodados en cinco recipientes especiales. Melchor Flores, papá del artista callejero el Vaquero

Galáctico, prepara una mezcla de cemento. Cada una de las urnas en las que ha sido depositado el cascajo, es cubierta con cemento recién preparado: las armas son divididas y enterradas en cinco pequeños ataúdes que, para el Movimiento por la Paz, representan la muerte de la guerra.

Uno de los ataúdes será dejado días después, por la Caravana, en la tumba de Martin Luther King; otro más llegará hasta Washington.

14. Juanelo cruza el Mississippi
Jackson, Mississippi

Lloviznas ocasionales, restaurantes baratos, puentes col-
gantes enormes que parecen dirigirse a la bóveda del cielo y rebaños de nubes apresurados por el viento se ven
a los lados de la oficina rodante en la que Javier Sicilia
encabeza la cruzada. Si la Caravana por la Paz avanzó
antes por llanos y desiertos del oeste, ahora lo hace entre
los bosques del sureste americano.

"Hay mucho verde ahora sí, Fede. Ya estamos llegando Cuernavaca", grita el líder del Movimiento por
la Paz al nuevo conductor del Peacemóvil, un viejo amigo de Morelos que conducirá el tramo restante hasta
Washington. A causa del huracán Isaac, la Caravana ha
desviado su ruta después de dejar atrás Texas. En lugar de Nueva Orleans se dirige a Jackson, la capital de
Mississippi.

El astrólogo Federico Samaniego y Sicilia han recorrido ya otros caminos juntos. "Federico se quería traer
una moto y seguirnos así en la Caravana pero le pedimos que mejor condujera esta cosa", dice el poeta. A

la salida de Houston, ambos comentan una columna de Jorge Ramos, influyente conductor de la televisión hispana, quien escribió que a la Caravana por la Paz no le hacen caso en Estados Unidos porque Sicilia habla español y porque plantea un tema sagrado para los americanos como el de las armas; en cambio celebran la columna "El poeta avanza", de Juan Villoro: "Él sí entendió muy bien esto", dice Sicilia.

"¿Qué esperan en Washington?", es una pregunta habitual de los reporteros de las ciudades y pueblos por donde va pasando la Caravana. "Una sorpresa", contesta siempre Sicilia. Su respuesta desconcierta. Difícil creer que no esté buscando dar un golpe maestro en la capital del imperio. El equipo cercano que viaja con el poeta está satisfecho con la primera mitad del recorrido: no sabe si esta Caravana está abriendo caminos para la paz, como se lo propone, pero de lo que no tiene duda alguna es de que abrió varias puertas.

Sicilia cuenta que en ocasiones se siente como el protagonista de *La carretera*, la novela de Cormac McCarthy en la que un hombre viaja junto con su hijo en medio de un paisaje postapocalíptico, en busca del mar. "Esta Caravana también busca el mar", asegura.

Luego recuerda un viaje que hizo alguna vez con su hijo Juan Francisco al sureste, pero de México. "Mi hijo era un chavo muy bueno, muy noble. Aquella vez que estuvimos con los zapatistas te pinta muy bien cómo era".

Durante aquel periplo, en algún momento, Sicilia y Juan Francisco se encontraron con la comandancia del Ejército Zapatista de Liberación Nacional. "A ver güey, vente, ponte aquí cerca, para que conozcas a Marcos", le dijo Sicilia a Juan Francisco, a quien familiares y amigos llamaban Juanelo. Su hijo le respondió: "¿Sabes qué, pa? No me interesa, déjalo que brille solito. Yo estoy allá con las familias. Eso es un mundo. Eso es lo que a mí me interesa, lo que me importa. Esta gente que vive pobre pero en paz. Eso es el zapatismo. Lo demás es lo mediático. Marcos no me interesa. Me interesa lo que está detrás de él".

La oficina rodante huele a tabaco. Después de recordar el pasaje en la Selva Lacandona, el escritor enciende un nuevo cigarro. Ahora, mientras la Caravana bordea Louisiana, rememora el día en que su hijo fue asesinado en Cuernavaca junto con otros amigos, el 28 de marzo de 2011, día que marca el inicio de este Movimiento por la Paz que ahora recorre Estados Unidos.

"Antes de irme a Filipinas, yo intuía algo. Le llamé y le dije: 'Fíjate Juan, pues me voy allá, pero si pasa algo aquí están estas cosas. Aquí están las escrituras'. Le dejé eso porque sentía que algo iba a pasar. Pero yo sentí que me iba a pasar a mí. Le dije: 'Si llega a pasar algo, aquí está todo'."

La última comunicación que tuvieron fue a través de mensajes electrónicos. Se pusieron de acuerdo para pagar la tenencia de los coches. Después de enterarse de la muerte de Juan Francisco y regresar de prisa a México, Sicilia encontró en la mesa de su casa de Cuernavaca los papeles del trámite y encima de ellos un reloj que le había dejado su hijo. Ese reloj lo trae puesto ahora. Está un poco oculto por las pulseras de otras causas que también lleva amontonadas en el brazo izquierdo.

Juan Francisco no tenía planeado ir al lugar donde lo mataron. Sus amigos le pidieron que los acompañara y mediara entre el dueño del bar y su mejor amigo, quien acusaba a los meseros de haberle robado días atrás. Juan Francisco fue a dejar a su novia y partió para allá. El último mensaje que escribió desde su celular a su novia decía: "Ya me arrepentí de haber venido. La cosa está espantosa".

Todos los que participaron en el asesinato de Juan Francisco están detenidos y pertenecían al cártel de los Beltrán Leyva. Sicilia no se ha reunido con ellos. "Yo quería verlos, pero antes de ir veo el expediente del *Negro* Radilla, que es el que hizo todo. Y leo que le habían encontrado un celular que había usado una semana antes para grabarse torturando a un tipo y después aparece con una cabeza y un AK-47 como el que desmadramos hace rato. Entonces, cuando leí eso dije: 'Este tipo ya no le pertenece al mundo de los hombres, quien sabe dónde está. ¿De qué puedo hablar? ¿Qué puedo decirle a un tipo así?'"

El Peacemóvil va dejando atrás Louisiana y atraviesa ríos. Uno de ellos el Mississippi. El líder del Movimiento por la Paz se recarga en su asiento. "De esto no he hablado, ni a él tampoco le hubiera gustado, pero creo que se lo merece. Esta es la primera vez que lo hablo, pero te lo digo: él, mi hijo, está aquí en esta Caravana. Él es el que mueve todo esto. Su muerte, por desgracia, está en el centro de esta luz. Pero no sólo su muerte, esto también es fruto de su vida."

—¿Podemos oír música, poeta?— interrumpe desde su asiento el astrólogo Federico.

—Sí, lo que quieras. Yo encantado.

—Vamos a poner un buen *blues* para entrar y cruzar el Mississippi.

—No se oye ni madres. Súbele —le dice el poeta.

Y en eso retumba la guitarra y la voz de John Lee Hooker.

15. EL MENSAJE AFROAMERICANO
MONTGOMERY, ALABAMA

La primera integrante de la Caravana por la Paz que habló ante miembros de la Asociación Nacional para el Desarrollo de la Gente de Color (NAACP, por sus siglas en inglés) fue Martha Valles, una chica de dieciocho años exiliada en Estados Unidos, luego de que su hermana Marisol –fugaz y famosa jefa de la policía de Práxedis, Chihuahua– fuera amenazada de muerte.

En un salón de las afueras de esta ciudad, cuna del movimiento de los derechos civiles de Estados Unidos, la joven narró los días de pesadumbre en México. Los integrantes de la organización afroamericana más importante escucharon su testimonio y luego el de Daniel Vega, otro joven de dieciocho años, exiliado también después de que seis familiares suyos fueran asesinados por el narco en Chihuahua.

"Este domingo voy a cumplir un año de que vine a Estados Unidos con mi familia. La última vez que estuve allá, llegó un grupo de hombres armados a mi casa. Nos tiraron al piso a todos y empezaron a preguntarse a quién se llevarían, si a mi mamá o a mi tía. Al final se llevaron a mi tía. Desde entonces no sabemos nada de ella. No hemos encontrado su cuerpo. No la podemos enterrar. Para ellos, los malos, la vida y todo es un juego, pero para nosotros no", dijo en el salón de la NAACP, ante más de doscientas personas que escucharon también otros testimonios de víctimas de la guerra del narco en México. Carlos Castro, cuya familia desapareció en Veracruz, preguntó a los anfitriones de la Caravana por la Paz cuánto les había costado conseguir las libertades de las que gozan, mediante la lucha que encabezó el reverendo Martin Luther King, hasta antes de ser asesinado. "No sabemos si a nosotros la libertad nos está costando más de sesenta mil muertos."

Kid Jhonson, el consejero de la localidad, rememoró la lucha iniciada por la comunidad afroamericana en los cincuenta en contra de la segregación racial, que en estados como Alabama estaba en su punto más alto. "La lucha no se gana de la noche a la mañana. Hace falta organización. Mucha organización", dijo. Por ejemplo, Rosa Parks es la mujer negra que un día decidió no ceder su asiento en el autobús a un hombre blanco, tal y como lo demandaban las leyes locales de Alabama en aquellos años. Con este pequeño acto comenzó una serie de manifestaciones en la región, y luego a nivel nacional, para exigir el fin del racismo. Parks, quien es llamada "la mamá de las libertades civiles" de Estados Unidos, pertenecía a la organización que recibió a la Caravana por la Paz y que decidió apoyar su camino hasta Washington.

En una conferencia de prensa previa a la recepción en Montgomery, el líder del Movimiento por la Paz agradeció el apoyo y dijo ser la hora de la unión afroamericana y latina para detener la guerra contra las drogas en Estados Unidos. "Aquí las comunidades afroamericanas y latinas están siendo criminalizadas, pero del otro lado, en mi país, están siendo desaparecidas, desplazadas, asesinadas, decapitadas y torturadas como en la época de los linchamientos que hubo aquí en Alabama. Todas las libertades y los derechos civiles que ustedes consiguieron se están perdiendo a causa de esta guerra absurda. A ustedes los encarcelan y a nosotros nos matan. No podemos permitirlo: los afroamericanos, los latinos y los pobres somos la misma familia y estamos siendo agredidos. Por eso vino la Caravana, para poner esto sobre la mesa de la cocina. Tenemos que resolverlo."

La reunión de la NAACP con la Caravana por la Paz terminó cuatro horas después de que iniciaron los testimonios de las víctimas de la violencia en México. Acabó con cantos de música gospel en honor a la graduación de ocho miembros de la comunidad afroamericana local, quienes habían tenido problemas de adicción a las drogas. Los jóvenes, vestidos de toga y birrete color azul metálico, tenían la edad de Martha Valles y Daniel Vega, los jóvenes mexicanos desplazados que viajan con la Caravana por la Paz.

La celebración de la graduación de los antiguos adictos era un mensaje de los anfitriones a los miembros de la Caravana. El mensaje de que sus historias de dolor, algún día, podrían transformarse en otra cosa.

Diálogo con un poeta en silencio III

[Javier Sicilia sigue hablando:]
–La relación con la poesía no se puede cancelar. Se puede cancelar el acto de hacer el poema. Pero la poesía es un don, es un oficio. Yo sigo mirando como poeta, sigo intuyendo como poeta. Y mi vida activa ahora, aunque siempre he hecho activismo, pero nunca de esta forma, y esta es otra manera de hacer poesía. La Caravana estuvo insuflada por la poesía y mirada por la poesía".

–*¿Y cuál era la función de la poesía en esta cruzada?*
–El problema de la poesía es que la han arrinconado, pero lo que hace es volver a los significados. Devolverle a la tribu, devolverle a la sociedad, al pueblo, los significados que extravió. Yo creo que los últimos dos grandes movimientos sociales y políticos han estado empujados por la poesía: el zapatismo y el Movimiento por la Paz. La fuerza que está ahí es que el lenguaje se volvió resignificación de la realidad frente a los lenguajes unívocos, degradados y desgastados de la política; la poesía vuelve a nombrar lo que se perdió, lo que está debajo de esa

desgarradura, de ese deterioro poético. Nosotros lo hicimos. Hicimos algo que era evidente. Devolvimos los significados de la evidencia, que son, fíjense que con la pena cabrones, sus bajas colaterales, su uno porciento, su "se están matando entre ellos", cabrones, son seres humanos, cabrones, son víctimas. Ay güey, no la habían visto. La poesía estaba borrada debajo del lenguaje estúpido de la política y los criminales.

—*Sin embargo, en cierto sentido, esta Caravana, por su recorrido y por las historias que transporta pareciera más una buena prosa, ¿no crees?*

—En toda gran obra de arte, en la narrativa, hay poesía. Es eso que reverbera de significación a través de un lenguaje.

—*¿Cómo fue el primer viaje a Estados Unidos para organizar esta Caravana?*

—Ese sí fue en aviones, pero estuvo muy cansado. Yo vengo a San Francisco invitado por la Universidad de San Francisco como profesor, pero en realidad era una máscara para que yo pudiera tener un hospedaje y una conferencia. Ahí me tuvieron con todas las facilidades para que pudiera preparar la Caravana. Ese fue un apoyo de los jesuitas. Después el embajador de Estados Unidos en México me buscó para decirme que quería hablar conmigo. Llevé a la reunión a Emilio Álvarez Icaza y a Brisa Solís. Y hablamos de muchas cosas, después le pedí que ayudara a sacar mi visa para ir a San Francisco.

—*¿Nunca habías tenido visa para entrar a Estados Unidos?*

–Si tuve alguna vez, pero yo no pensaba volver a Estados Unidos. Entonces nos ayudó la embajada a sacarla y cuando venía de ilegal fui a verlo y le dije que le pedí la visa de profesor y me ayudaron, y luego fui a verlo y le dije: "Mire, en realidad tampoco voy como profesor, voy a preparar esto". Conté el plan de la Caravana y al final le dije: "Quiero que estén enterados". "¡Adelante!", me dijo él. Y me sacó la visa. Esa es la parte dual de Estados Unidos, ¿no?, muy extraña: por un lado son extraordinariamente demócratas y por otro lado tremendamente autoritarios, con políticas exteriores que no tienen nada que ver con la democracia.

Y entonces le dije que en el Movimiento por la Paz hay gente muy humilde, que si hacía los trámites normales no les iban a dar la visa, por lo que yo le pedía una visa humanitaria o una visa de tres meses para que pudiéramos hacer esta Caravana. "Emilio Álvarez Icaza y yo nos responsabilizamos de que la gente que entre salga después. No es que seamos polleros" *[Risas]* o una caravana cubana de las olimpiadas. El Embajador se río y dijo: "Voy hacer un paquete nomás para ustedes. Manden los nombres, lo único que les pido es que no mientan. Si tienen familiares braceros ilegales que lo digan, y les vamos a dar la visa por diez años".

Y así fue ese gesto demócrata, esa parte tremendamente hermosa de Estados Unidos, que por otro lado tiene esquizofrenia, ¿no?, tiene las armas, tiene las políticas exteriores contra la droga, tienen a Arpaio…

–*¿Después cómo fue el proceso de organización?*

–Se formó un equipo del Movimiento coordinado por Brisa Solís y Janis Gallagher como enlace, y acá Global Exchange, entonces estuvieron trabajando todos estos meses construyendo, bueno, tejiendo lo que estaba tramado con esa visita y salió la Caravana.

–*¿Qué otros grupos te hubiera gustado que estuvieran? Me contaban algunos activistas de la frontera que ciertas organizaciones mexicanas de acá, cercanas a López Obrador, no quisieron involucrarse porque decían que tú no lo apoyaste en las elecciones de 2012.*

–Ajá, no quisieron. Lo que demuestra que son intolerantes y no entienden nada. Cosa que confirma por qué me aparté de ellos. Lo lamento por ellos, ellos mismos se cierran las puertas, no saben generar los puentes.

–*¿Cuándo fue tu primer viaje a Estados Unidos?*

–Cuando me casé.

–*¿Qué edad tenías?*

–Veintitrés.

–*¿Adónde fue?*

–Vine a ver a mi hermano a San Francisco. Mi hermano estudiaba aviación y vivía ahí, entonces aprovechamos. Yo no conocía Estados Unidos. Nos regalaron el viaje de bodas y vinimos para acá.

–*¿En qué barrio de San Francisco anduviste?*

–Pues donde estaba mi hermano estaba muy cerca del Vesubio. Había un restaurante de un vasco, un tipo muy padre que rentaba cuartos y a mi hermano le rentaba uno, entonces llegamos ahí. A dos cuadras del Vesubio.

—*Supongo que fuiste a la librería City Lights.*

—Sí, claro.

—¿Te topaste con Ferlinghetti?

—No, yo estaba muy chavo. Tenía veintitrés años. Sí lo había leído y estaba terminando mi primer libro de poesía, pero a mí siempre me ha costado mucho trabajo acercarme a las grandes figuras. Como dice Vicente Leñero, bien sabio: "A las estrellas déjalas brillar, no te les acerques, déjalas brillar".

—*Pero ahora de manera constante tienes que acercarte...*

—Bueno, he tenido a alguien que he leído con mucha devoción, más como lingüista que como analista político y que lo respeto mucho. Es Noam Chomsky. Tuve un buen diálogo con él y para mí ha sido fundamental en la concepción lingüística de la literatura y la poesía.

—*¿Cuándo viste a Chomsky?*

—En el viaje en que me dieron un reconocimiento en Nueva York.

—*¿Cómo fue ese diálogo?*

—Fue muy rico, coincidimos con su visión de las drogas, con su visión de la guerra, y fue muy emocionante ver a un hombre que has admirado y que te formó, no tanto en la política, pero sí en la lingüística. Y me hizo padecer porque toda la lingüística que llevé en la universidad fue chomskiana, y cuando había que aplicar la estructura de la gramática generacional pues me iba de la chingada, cabrón. Pero la teoría lingüística siempre la rescaté…

—*Lo que hace Chomsky es desmontar la idea de que es innato el lenguaje…*

—Sí, dice que es como una especie de pareo, que hay una gramática gigante en el cerebro de la cual infieres las gramáticas de otras lenguas, por eso puedes aprender más de una lengua. Es una teoría muy platónica pero centrada en la persona y tuve una discusión, en una entrevista que algún día publicaré, con una mente muy brillante que me interesaba mucho y a él le interesa mucho este dialogo, que es Roger Bartra. Roger Bartra tiene un libro que se llama la antropología del cerebro, un libro muy inquietante, muy metido con la neurociencia y también muy crítico de la idea de Chomsky y tuvimos un dialogo, que era entrevista, no una confrontación… y bueno, yo defendiendo la tesis de Chomsky. Evidentemente la teoría y la tesis de Roger Bartra en la antropología del cerebro habla de un exocerebro, que no es el humano sino lo que creó como cultura, y que permite que el otro cerebro funcione; entonces, la tesis de Chomsky se le atraviesa.

—*En ese primer viaje a Estados Unidos, ¿cuánto tiempo estuviste?*

—Una semana.

—¿Y hasta ahora no habías vuelto?

—Volví otra vez a ver a mi hermano en San Francisco, pero luego ya no volví más. Sólo pasé en tránsito por aquí para ir a Europa a las comunidades del Arca. Saqué la visa nomás para el tránsito pero no volví, no pensaba volver y ahora recorro casi todo Estados Unidos. Las paradojas de la vida. ¡Ahhh! No, sí volví otra vez: iba a Montreal y Quebec, en Canadá, porque me habían dado una beca para una maestría en literatura que luego no tomé. Y en ese trayecto estuvimos un par de días, en la ciudad de *Rocky*, Filadelfia. Nos quedamos a conocer Filadelfia y de ahí nos fuimos.

–*¿Y no pasaste por Nueva York? Te quedaba cerca.*

–No, nunca. Antes de la Caravana pasé un par de días pero por trabajo.

–*¿No te interesa Nueva York?*

–La verdad, no. Fíjate que yo tengo una bronca con las grandes ciudades, por mi vida, mis convicciones anarquistas y de proporción, me gustan más los lugares pequeños. Digo, París ejerce una fascinación pero por motivos juveniles, literarios. En cambio, Nueva York nunca me ha interesado, la verdad. Las grandes urbes me producen vértigo, son como la expresión de lo que no me gusta, la desmesura humana.

–*Esta Caravana ha sido una desmesura…*

–Sí, las paradojas: para hablar de la mesura tenemos que hacer un acto desmesurado, porque el mundo es desmesurado.

–*¿No crees que este viaje se parece al de* En el camino, *de Kerouac?*

–¡Sí, pero este es un viaje al revés, cabrón! Ellos

estaban reconciliándose con la cultura americana, lo que se apreciaba como lo salvaje, buscando sentido en un mundo que no tenía pasado, por eso van a México y buscan las experiencias espirituales de las tradiciones amerindias.

—*¿Te gustan los* beats*?*

—Los he leído y no creo que sea gran literatura, pero me gusta mucho su rebeldía, su ser forajido, su necesidad de buscar un sentido a lo que no tenía sentido y su capacidad de mirar detrás del *american way of life*, la gran mentira, el espacio ausente de lo verdadero, y los aprecio mucho por eso. No puedo decir que eran grandes poetas pero dijeron grandes cosas.

—*Parece que eran muy buenos recitando sus poemas...*

—Sí, eran unos enloquecidos.

—*¿Y a ti te gusta leer poesía en voz alta?*

—Yo creo que la poesía en realidad es el último remanente de la tradición oral. La poesía no la puedes leer como la prosa en silencio, la tienes que leer en voz alta para sentirla, apreciarla y entrar en su universo, aunque esté escrita su función.

—*José Emilio Pacheco dijo que no, que el poema es esencialmente escritura y lectura a solas...*

—Sí, yo por eso creo que Pacheco era un poeta muy sordo, no es rítmico. Casi hace una prosa; yo creo que perdió, lo digo con respeto, su estilo. Yo creo que la tradición de la poesía es la tradición oral. Por eso el ritmo, por eso la música y por eso la imagen.

16. Ahora llevan flores blancas
Atlanta, Georgia

Está prohibido llegar con cartulinas de protesta a la tumba de Martin Luther King. Los integrantes de la Caravana por la Paz dejan afuera las fotografías ampliadas de sus desaparecidos y sus asesinados. Entran a visitar los restos del líder más importante en la historia de la comunidad afroamericana: ahora llevan flores blancas en las manos.

Javier Sicilia se arrodilla delante del manto de agua que rodea la cripta y ofrece un ramo de rosas rojas. El reverendo que recibió el Premio Nobel de la Paz murió de un balazo en la garganta disparado por un francotirador mientras estaba en el balcón del Motel Lorraine, en Memphis, Tennessee. Su asesino era uno de esos creyentes de que las personas blancas son superiores a las negras. El epitafio de King es leído por las víctimas de la guerra del narco: "Libre al fin, libre al fin./ Gracias, dios todopoderoso./ Libre al fin". Olga Reyes toma nota: cinco de sus familiares han sido acribillados en los años recientes en Chihuahua y sus tumbas tienen epitafios.

También está aquí Gerard Dorley, un hombre alto y corpulento que bien podría pasar como basquetbolista retirado. En realidad se trata de un pastor bautista de setenta y un años que acompañó a King en las marchas y protestas de los sesenta. Dorley ostenta en el pecho un medallón con la imagen labrada del líder estadounidense y les da la bienvenida a los mexicanos. Les dice que están en un lugar sagrado para los afroamericanos.

Sicilia pronuncia apenas unas palabras porque ha preparado un discurso especial para después. El poeta relata que desde niño admiró a King y lo llama hombre santo. "Traigo dolor y vengo a pedirle ayuda para encontrar algo que él nos enseñó: la paz para terminar la guerra en contra de las drogas. Venimos a pedirle que camine con nosotros a Washington."

Edward DuBose, representante de la Asociación Nacional para el Desarrollo de la Gente de Color, secunda a Sicilia: "Ya basta de ir a funerales o cárceles a visitar a nuestros hermanos. Cada vez que bajan el cuerpo de un hermano a una tumba nueva, baja también una parte mía. Que ya pongan esos recursos, ese dinero, en la educación de nuestra juventud. A nuestro pueblo le hacen falta estos fondos".

Después de la ofrenda empieza una marcha por el centro de Atlanta, rumbo al capitolio. Los integrantes de la Caravana hacen dos paradas antes. La primera en la iglesia bautista Ebenezer, donde King ofició; la segunda en el comité estatal de campaña para la reelección del presidente Barack Obama.

Sicilia camina llevando puesto su inseparable chaleco beige de la Universidad Autónoma del Estado de Morelos. El pastor Dorley le cuenta que el recorrido que están haciendo ahora lo hizo él junto a King en los sesenta.

—¿Había mexicanos o latinos acompañándolos en aquellas marchas? —le preguntan.

—Al principio no, pero después sí. A partir de 1963 tuvimos el apoyo y la presencia desde California hasta acá —responde Dorley.

Las marchas en Atlanta del movimiento por los derechos civiles eran por lo regular silenciosas y sin pancartas. Aunque de vez en cuando había canciones de gospel o espirituales. En cambio, la nuestra está llena de consignas como "Si Luther King viviera, con nosotros estuviera" y de fotografías ampliadas de mexicanos desaparecidos o asesinados. Los integrantes de la Caravana por la Paz las han recuperado al salir del mausoleo de King y las han traído hasta el capitolio de la ciudad.

En el patio de la sede de los poderes estatales el primero en hablar es el amigo de Martin Luther King. Dorley grita que es hora de reformar completamente las leyes de drogas en Estados Unidos. "Nosotros protestamos, marchamos, fuimos arrestados, perseveramos y nunca nos dimos por vencidos. Esta Caravana que hacen ustedes es para despertar, para que no haya más Juan Franciscos."

Sicilia, pese a que es común que lo haga en México, casi no ha leído ningún poema antes de sus intervenciones en Estados Unidos. Sólo citó a Bob Dylan durante el arranque. En este evento del capitolio inicia su discurso con versos del poeta Keneth Rexroth. Luego recuerda la batalla de los trescientos ochenta y dos días encabezada por King.

"Los derechos civiles y la democracia que los padres fundadores de esta nación heredaron a América Latina, no serían nada sin las luchas por los derechos civiles de Montgomery. Por desgracia, la guerra contra las drogas, que hace cuarenta años decretó Richard Nixon y que las siguientes administraciones, incluyendo la del presidente Obama, han continuado y recrudecido, está poniendo otra vez en crisis esos derechos y contribuyendo a destruir la democracia de Estados Unidos y de América Latina."

Explica que a pesar de que el consumo de drogas entre las poblaciones blancas, afroamericanas y latinas son similares, del millón setecientos mil personas que anualmente se arrestan en Estados Unidos por posesión de drogas, la mayoría son afroamericanas y latinas. "Se ha generado no sólo una forma sutil de segregación y criminalización racial, sino también el crecimiento del autoritarismo, de la militarización, de la violencia, del crimen y la lenta pérdida de las libertades y de los derechos civiles que esta gran nación creó, defendió y heredó a toda América, y que ahora están en peligro."

Sicilia preparó su discurso con antelación. Para ello, entre otras cosas, habló por teléfono con Michelle Alexander, una de las intelectuales afroamericanas más respetadas. Alexander ha planteado que el racismo oficial en Estados Unidos continúa, pero se ha reconfigurado a través de la criminalización por el uso y tráfico de drogas. Durante la conversación telefónica, Sicilia la invitó a sumarse a la Caravana y Alexander planteó que quizá podría estar en Cleveland. Le dijo que era una gran idea lo que estaban haciendo y le preguntó al líder del Movimiento por la Paz cómo vería para el futuro una caravana de activistas estadounidenses en México. Sicilia se entusiasmó.

La Caravana por la Paz también es un encuentro itinerante e inédito entre organizaciones no gubernamentales de Estados Unidos y México. Y también un descubrimiento a niveles más personales: la mayoría de los familiares de las víctimas no habían tenido contacto alguno con religiones distintas a la católica ni tampoco habían convivido con afroamericanos nunca. En Mississippi y Alabama lo han hecho por primera vez.

En Atlanta llevaron flores blancas a la tumba de Martin Luther King.

17. EL ALMA MÁTER DE LOS ZETAS
COLUMBUS, GEORGIA

La Caravana por la Paz encuentra Columbus perdida entre una zona boscosa. En esta pequeña aldea fue reubicada en 1984 la Escuela de las Américas, un sitio instalado antes en Panamá, donde el gobierno de Estados Unidos capacitó a miembros de dictaduras militares latinoamericanas que iban desde Guatemala hasta Chile, y que en años recientes han enfrentado procesos judiciales por torturas, desapariciones y asesinatos ocurridos durante sus años en el poder.

A diferencia del resto del continente, en México no hubo dictadores surgidos de la Escuela de las Américas. Lo único que sí germinó de este bosque en los años noventa fue un núcleo de soldados élite que después de ser entrenados, regresaron al ejército mexicano y al cabo de un tiempo desertaron y fundaron una de las múltiples pesadillas cotidianas que han motivado la existencia de esta Caravana por la Paz: los Zetas.

"Los oficiales entrenados aquí regresan a sus países para hacer la guerra contra su propio pueblo", dice Roy

Bourgeois, un reverendo que busca el cierre de la institución y organiza manifestaciones masivas anuales. Manifestaciones por las cuales ha pasado hasta cuatro años en la cárcel, sumando todas las veces que ha sido detenido afuera de Fort Benning.

Pero en esta manifestación, el reverendo Bourgeois —uno de los nuevos aliados del Movimiento por la Paz— está un poco apresurado porque después de encabezar el acto con Javier Sicilia tomará la carretera a Atlanta para abordar ahí un avión con destino a Nicaragua, donde se reunirá con el presidente Daniel Ortega. En Managua le pedirá al mandatario ex guerrillero que cese el envío de oficiales nicaragüenses a este lugar. Bourgeois no es un predicador del desierto. Hace dos meses convenció al presidente de Ecuador, Rafael Correa, de cancelar los convenios históricos de su país con la Escuela de las Américas.

El siguiente objetivo de Bourgeois es México. El reverendo reparte entre los miembros de la Caravana por la Paz un folleto donde cita una nota del *Brownsville Herald*, del 22 de octubre de 2003, en la que se lee: "Los Zetas contrataron asesinos para el Cártel del Golfo, treinta y un ex soldados que una vez fueron parte de una división élite del ejército mexicano —el Grupo Aéreo Especial de Fuerza Móvil—. Por lo menos, una tercera parte de los desertores de este batallón fueron entrenados en la Escuela de las Américas en Fort Benning, de acuerdo con documentos del ministerio de defensa mexicano".

Esta no sólo es la cuna de los Zetas. En 1996 el Pentágono fue obligado legalmente a difundir los manuales de entrenamiento que se usaban para capacitar a los oficiales latinoamericanos que venían aquí. Dichos documentos incluyen referencias a la tortura y las ejecuciones: la Escuela de las Américas fue donde surgieron otros monstruos latinoamericanos que van de los Escuadrones de la Muerte de El Salvador a la Triple A de Argentina.

Durante su intervención en la protesta frente a la entrada del fuerte militar, Sicilia menciona la relación entre los Zetas y esta escuela. Recuerda también que al menos trece altos mandos mexicanos "dedicados a exacerbar la violencia" fueron preparados aquí en los noventa. Uno de ellos es el general José Rubén Rivas, autor del Plan Chiapas, en el cual se habla específicamente de crear grupos paramilitares para aniquilar al Ejército Zapatista de Liberación Nacional. "Esta escuela representa lo contrario de lo que es un ejército. Los ejércitos que salen de aquí están inspirados en la humillación. Crea criminales legales que después se vuelven criminales ilegales", dice el escritor. "Le hacemos, desde aquí, un llamado a las Fuerzas Armadas de México, para que retiren a sus estudiantes de esta escuela, porque van a formar criminales, oficiales sin ética."

Al término de su discurso se enumeran los nombres de algunos graduados distinguidos: Manuel Noriega, Roberto d'Aubuisson, Luis Posada Carriles...

Varios de los integrantes del grupo de mexicanos que ha cruzado el Río Bravo y ha viajado por la mitad de Estados Unidos antes de llegar hasta acá, se avientan al césped de la entrada y permanecen quietos boca abajo. Luego hay un breve silencio en el bosque de Columbus cuando cuatro artistas mexicanos cubren sus cabezas y desnudan sus espaldas para dejar una frase: "Los asesinos no nacen. Se hacen: aquí".

18. "México se sigue desgarrando en el horror"
Louisville, Kentucky

"México se ve dolorosamente triste desde aquí", dice Javier Sicilia. El líder del Movimiento por la Paz se sienta en el salón de la iglesia luterana Third y recuerda por un momento México. Da una conferencia de prensa para exigir que la legislatura recién instalada descarte la nueva iniciativa de la Ley de Víctimas enviada por el presidente Felipe Calderón, a quien llama traidor una y otra vez y con quien, asegura, no se volvería a reunir: "Un individuo que no sabe honrar su palabra es un individuo que no vale nada".

Antes de hablar con los ocho periodistas mexicanos que lo acompañan de forma permanente en su recorrido, Sicilia vacía una pastilla de Redoxón en un vaso con agua. Lleva veintiún días viajando y no quiere llegar con gripe a Chicago, el siguiente destino de la ruta. El escritor Paul Valéry comparó la prosa con la marcha y la poesía con la danza. La Caravana por la Paz es una prosa encabezada por un poeta: la rima con la que la Caravana cruza Estados Unidos es el dolor narrado en cada lugar por los casi cincuenta familiares de víctimas de la guerra del narco en México; su ritmo está en las intervenciones de Sicilia. La pastilla de vitamina c que toma el poeta en la rueda de prensa cuida el flujo de esta Caravana que concluirá el próximo 12 de septiembre en Washington.

El líder del Movimiento por la Paz ve el sexenio de Felipe Calderón como "el sexenio del envilecimiento, de la traición, del dolor y del horror". Asegura que al presidente su conciencia lo juzgará a partir del próximo 1 de diciembre, cuando deje el poder: "No deja de ser un católico y los católicos saben muy bien que nuestro fuero interno no es una ventanilla que se cierra".

—¿Y por la vía legal también se le juzgará al presidente? —alguien pregunta.

—Ese no es un asunto que al Movimiento le corresponde. A nosotros nos corresponde confrontarlo con su conciencia, no con la ley.

Sicilia explica que todavía no han tenido contacto con la nueva legislatura, pero que lo van a buscar en los próximos días para exigir que asuman el compromiso de reimpulsar la Ley de Víctimas que vetó el presidente Calderón. "Confiamos en que no nos traicionen, en que no traicionen al país y en que no traicionen la investidura como poder que hace las leyes, y poder que respalda la ciudadanía."

Desde Kentucky, el líder del Movimiento por la Paz también ve al movimiento YoSoy132 con cierta preocupación. "Ojalá que Yosoy132 no se entrampe en las elecciones. El asunto es que no han entendido que no es un problema de personas, es un problema de estructuras. Ojalá puedan superar el entrampamiento postelectoral. Porque de ahí no van a sacar nada. Tienen que ir más allá de la agenda electoral, tienen que ir a la agenda ciudadana, a la reforma política, a la reforma de los medios. Es ahí donde hay que trabajar. Si se entrampan en las elecciones se van a desgastar inútilmente. Se van a entrampar en la ignominia que marcaron estas elecciones."

—¿Y cómo ve el llamamiento del ex candidato presidencial Andrés Manuel López Obrador a la desobediencia civil?

—No sabría juzgarlo. Yo creo que todos se están equivocando de camino. Es tiempo de una unidad nacional. No en el sentido retórico del discurso de Peña Nieto en el Trife, porque eso es pura retórica. ¿Qué está proponiendo para esta unidad? ¿Cómo está hablando o intentando dialogar con Andrés Manuel? ¿Cómo Andrés Manuel busca esa unidad? Porque son los diecinueve millones de votos de Peña Nieto, los quince millones de Andrés Manuel, los diez de Josefina, los dos de Quadri y los tres de los que no votamos o que anulamos el voto. Eso es el país. No se puede gobernar sin eso y menos en medio de una guerra.

A lo largo de la conferencia de prensa en el salón de la iglesia luterana Third, además de *traición*, la otra palabra que más usa Sicilia es *diálogo*. Antes de acabar la conferencia de prensa para irse a descansar dice: "Debe haber verdaderamente un diálogo: un diálogo profundo por el bien del país. La retórica de la unidad al estilo Peña Nieto o la tensión al estilo Andrés Manuel no están beneficiando al país. Son puras luchas por el poder. Pura retórica del poder. No están comprendiendo la emergencia nacional. No están comprendiendo que deben gobernar para todos. Y juntos. Y si no, pues van a perder el país. El país se sigue desgarrado en el horror".

19. La mariguana en Chicago
Chicago, Illinois

La mañana del 2 de noviembre de 2011, Javier Sicilia caminaba por el *lobby* de un hotel del centro de Los Ángeles. Acababa de dar una rueda de prensa en compañía de Daniel Robelo, integrante de Drug Policy Alliance, una organización estadounidense que lo había invitado a participar en la Conferencia Mundial de Drogas para que hablara de la guerra del narco en México.

En aquel momento, después de narrar ante periodistas angelinos el autoexterminio mexicano, por la cabeza del líder del Movimiento por la Paz pasó la idea de hacer una nueva caravana de protesta como las que había hecho por el norte y sur de México, pero ahora por Estados Unidos.

"Estuvimos platicando sobre la responsabilidad estadounidense en la violencia de México, y en algún momento Javier Sicilia soñó la idea de hacer una caravana aquí. En sus palabras: 'Viajar al otro lado del problema'", recuerda Robelo, quien estaba con el poeta aquel Día de Muertos y lo está ahora, cuando la Caravana por la Paz cumple su tercera semana de viaje mientras arriba a Chicago, la emblemática ciudad del fracaso del prohibicionismo del alcohol en los años veinte.

Tras aquella conversación con Robelo y otros activistas estadounidenses, Sicilia volvió a México y planteó su idea en una asamblea del Movimiento por la Paz. La propuesta fue ratificada por la mayoría, aunque algunos integrantes como Julián Lebarón se opusieron. Con el paso del tiempo, Lebarón renunció al Movimiento, aunque se mantiene cercano. Justo por estos días, el activista menonita de treinta y un años envió mensajes electrónicos a algunos de sus antiguos compañeros diciéndoles que se encontraba en un retiro en Albany, Nueva York, con el gurú Keith Reiner. Además espera el nacimiento de su décimo segundo hijo.

En marzo de 2012, Drug Policy Alliance dio quince mil dólares a la organización Global Exchange para que iniciara las gestiones de los demás recursos necesarios para la Caravana por la Paz, versión americana. Unas semanas después, la idea de Sicilia de construir, con un viaje de un mes, puentes con organizaciones estadounidenses cobró forma: un grupo de víctimas mexicanas de la guerra atravesaría Estados Unidos de costa a costa.

Robelo acompaña esta Caravana desde su inicio. Drug Policy Alliance, su organización, impulsa la legalización de la mariguana. Sicilia también apoya esta idea: "Los adictos eligen consumir drogas. Muchos de los que han perdido la vida en México a causa de esta guerra, incluso mi hijo, no eran consumidores. Ahora ellos están muertos para poder proteger y cuidar a los que decidieron consumir. Y además, a los consumidores también se les criminaliza. La paz pasa por la legalización".

Sin embargo, tras varias discusiones internas, el Movimiento por la Paz decidió que su postura formal sea exigir que se abra el debate de la legalización, sin definirse abiertamente a favor.

Durante los traslados de la Caravana entre una ciudad y otra, el joven Robelo ha dado sesiones informativas en el autobús en el que viajan las víctimas de la guerra del narco.

Acompañado por estudiantes de la UNAM, les ha explicado las razones por las cuales valdría la pena controlar y regular la mariguana de la misma forma que ahora ocurre con el alcohol. "No estamos a favor del uso de ninguna droga, pero si la gente va a usar una –que ha sido desde la antigüedad–, lo que queremos es que lo haga de la manera más segura y responsable posible", explica.

De acuerdo con Robelo, en el intervalo entre Atlanta, Georgia, y Louisville, Kentucky, en el autobús de las víctimas hubo un consenso en favor de la legalización de la mariguana, mientras que el debate sobre la cocaína quedó aplazado.

"La mariguana no es la droga que produce más dinero en el mundo, pero sí es la de mayor volumen. Y además, la mariguana es la fuente principal de los ingresos de los narcotraficantes mexicanos, en palabras del propio gobierno de Estados Unidos", dice Robelo.

Antes de que los integrantes de la Caravana salgan a realizar su primer mitin de protesta en las afueras de una iglesia del barrio mexicano de esta ciudad, el activista estadounidense equipara al Chicago prohibicionista y de gángsteres de los años veinte, con la Ciudad Juárez de hoy en día: "Uno puede comparar el Chicago de Al Capone con la Ciudad Juárez de hoy, con la excepción de que aquel Chicago era mucho menos violento que Ciudad Juárez… Es sabido que cuando se legalizó el alcohol en aquel tiempo había grupos que predecían lo peor para esta ciudad, pero tú puedes mirar que tal cosa no sucedió. Ahora Chicago no es el Chicago de Al Capone: es el Chicago donde creció e hizo política Barack Obama".

20. Por la banqueta...

El autobús en el que viaja la Caravana se estaciona frente a un arco de terracota que dice "Bienvenidos a Little Village". Casi un centenar de activistas locales los están esperando para marchar. Antes de bajarse a recorrer las calles más mexicanas de Chicago, dos jóvenes que colaboran como traductoras en la Caravana por la Paz proponen que durante la protesta griten consignas en inglés.

"Alerta, alerta, alerta, que se note la lucha por la paz en América del Norte", es la frase propuesta por una de las intérpretes. Alfonso Moreno, papá de un joven desaparecido en Tamaulipas, interviene: "Mejor hay que gritar otra cosa, algo así como: "Calderón, ¿dónde están los desaparecidos?" Juan Carlos Trujillo, de Michoacán, quien está aquí por cuatro hermanos desaparecidos, secunda: "Lo que pasa es que las consignas que nos sabemos son cortas. Más contundentes. Y lo mejor sería que nosotros las digamos en español y luego ustedes en inglés. Porque no todas las víctimas podemos pronunciar el inglés". Un grito de apoyo a su moción deja claro que las víctimas no gritarán en inglés durante la marcha.

Sobre 26th Street —llamada de forma honoraria calle Los Tigres del Norte— está por realizarse la manifestación. La idea inicial es hacerla por uno de los carriles de la calle de doble sentido, pero dos patrullas de la policía de Chicago lo impiden. Advierten que el recorrido deberá hacerse por la banqueta. La marcha avanza entre la taquería El Milagro, la botánica San Martín Caballero, el restaurante El Chisme, la cremería Santa María y el supermercado La Estrella.

Sin embargo, buena parte de los locales están cerrados porque el primer lunes de septiembre se celebra el Día del Trabajo en Estados Unidos, lo cual resulta tan paradójico como una marcha en la banqueta: en Europa y América Latina se celebra el 1 de mayo, precisamente porque en una fecha así fueron masacrados aquí en Chicago un grupo de obreros.

Como quiera, la marcha de la Caravana por la Paz está llena de carteles y mantas, aunque las mantas más grandes en definitiva no caben en una banqueta tan angosta. Una de las que tiene que ser doblada es la que dice: *"End the drug war to stop the killing"*. También la manta con las fotos de la familia desaparecida de Carlos Castro en Veracruz y una con fotos de algunos de los cientos de desaparecidos de Chihuahua.

Javier Sicilia va al frente de la marcha. En el cruce de la calle Los Tigres del Norte y la avenida George

Washington, el líder del Movimiento por la Paz se baja de la banqueta y camina unos metros entre el asfalto hacia los autos, pero un policía en bicicleta se acerca y lo reprende para que se suba de nuevo a la banqueta.

Aunque el poeta va al frente de la manifestación, quien la conduce es Che Serna, un miembro de la pandilla Latin Kings, la más grande de Chicago. Serna pertenece a ella desde que tenía diez años. Además, ahora se ha involucrado con un grupo fundado por el poeta chicano Luis Rodríguez, el cual busca la paz entre las diversas pandillas hispanas de Estados Unidos. Por eso está aquí.

La marcha, después de Little Village, recorre Lawndale, el corazón de la comunidad negra de Chicago, donde está la pandilla Black Gangster Disciples, ocasionalmente adversaria de Latin Kings. Al poco tiempo de empezar a pasar por ahí con la consigna *"No more drug war"*, un grupo de afroamericanos parado en una esquina grita a la marcha, desde la banqueta de enfrente: "Si no quieren drogas, dejen de mandarnos esa mierda". Situaciones parecidas se repiten por lo menos otras tres veces a lo largo del tramo por Lawndale.

Tras casi dos horas de caminata, las víctimas de la guerra del narco y los simpatizantes de la Caravana por la Paz llegan a una iglesia protestante del barrio afroamericano, donde los reciben discípulos de Malcolm X, otro de los líderes históricos de la comunidad afroamericana. Los integrantes de la Caravana por la Paz están exhaustos.

Pero los gritos y aplausos reflejan que se han animado con el inicio del discurso de bienvenida que les da el reverendo: "Esta va a ser una caminata larga para llegar a la justicia. Recuerden que siempre será larga la caminata para llegar a la dignidad. Pero vamos a terminar algún día con este narcosistema que nos oprime en ambos lados de la frontera".

Diálogo con un poeta en silencio IV

—*La poesía no está condicionada a la paz. La poesía también sirve para hacer la guerra. Quizá incluso sus orígenes sean esos, ¿o qué piensas Javier?*

—Sí, pero hay que ver lo que dice de la paz y lo que dice de la guerra. Hay muchas interpretaciones de Homero. Tienes un poema de Giorgos Seferis, una lectura muy interesante que cité en mi carta a Calderón, un poema que se llama "Helena" y el poema habla de un soldado que viene después de la guerra de Troya y quizá uno puede intuir que es parte de la tripulación de Ulises que va rumbo a Ítaca, se extravía y los dioses y los monstruos lo van extraviando. Cae en una isla que se llama Platres que en realidad es un lugar que está en Chipre. Seguramente ahí lo escribió Seferis y le dio a toda la isla de Chipre el contenido de Platres. Entonces el soldado, hay un ritornelo que viene todo el tiempo y le dice: "Los ruiseñores no te dejarán dormir en Platres". Y de repente ve entre las esclavas que hay en esa isla a Helena. Se da cuenta de que Helena nunca estuvo en Troya. "Fue una guerra vana, los cuerpos desgarrados, el mar ensangrentado y todo por una imagen, por una ilusión, por una nubecilla", así termina el poema, un poema muy dramático de la guerra misma.

Es que la poesía a veces usa lo terrible para nombrar lo maravilloso, lo simple o los símbolos. Es muy curioso porque el símbolo de la tradición cristiana más terrible, más espantoso, el rostro del mal, es el crucificado; ¿qué familia católica no tiene un crucifijo en su casa? Es como tener al último de los torturados de la guerra de México, pero ahí en ese horror está también la contraparte, la redención. Siempre la poesía es paradójica, siempre la literatura en su sentido poético es ambigua, pero en su ambigüedad descubre los significados de paz, los significados de la época, los significados del sentido.

—*En esta línea del entendimiento de la poesía, Adorno dijo que después de Auschwitz la poesía era un acto bárbaro. Después de lo que ha pasado en México entre 2007 y 2012, ¿dónde acomodas la poesía?*

—Te mantienen vivos los significados. En mi caso entiendo a Adorno. Siempre me inquietó Adorno y siempre me gustó mucho, y me inquietó la respuesta que de alguna manera le da Paul Celan a Adorno. Paul Celan es contemporáneo de Adorno, un hombre que nace en la misma ciudad que Elías Canetti, una zona muy sufridora que un día amanecía rusa y otro alemana. Siempre estaban ocupados. Esa misma realidad de zonas de plurilingüismos. Ahí se hablaba alemán, rumano; la familia de Celan cultivaba el yidish porque era judío. Su madre le había dicho que el alemán era la lengua en la que se habían escrito las mejores obras de arte, y en la que se había hecho la mejor música. Celan adopta el alemán, aunque siempre fue un tipo muy hábil para la lengua. Cuando los nazis se lo llevaron él estaba muy joven, era un adolescente, y se llevaron también a la familia. Después él logró escapar, pero los nazis asesinaron a su madre. Entonces este hombre ya escribía poesía y decía: "La lengua que me enseñó mi madre como sagrada la han degradado los asesinos". Decide escribir en esa lengua y nadie puede llevar el lenguaje poético a los extremos que lo llevó Celan. Se va internando y su última escritura se vuelve todavía más críptica, casi ininteligible, y Celan termina suicidándose en el 70, pero es curioso, se suicida en un acto poético, en el Puente Mirabeau de París. Habiendo tantos puentes, uno se pregunta, ¿por qué Celan eligió el Puente Mirabeau? El Puente Mirabeau está asociado con uno de los grandes poemas modernos de la literatura francesa, un poema que se llama "El puente Mirabeau", de Apollinaire, y es un poema sobre el tiempo, sobre el amor, y empieza: "Bajo el puente Mirabeau fluye el tiempo y nuestro amor, los días pasan, el río fluye, los amores se van, y yo me quedo".

Yo creo que Celan estaba diciendo eso: el tiempo, que es la historia que simboliza el río que se está llevando, que se llevó el amor, y Celan decidió ya no quedarse más e ir al otro lado para hablar a lo oscuro que está detrás, lo que nunca pudo resignificar o lo resignificó de una forma terriblemente dolorosa. Hay un gran místico en Celan.

—*¿Y entonces el papel de los poetas después de la guerra del narco? ¿Tú estás viviendo la poesía con una cruzada de este tipo? ¿No es esta una forma de vivir de alguna manera la poesía?*

—Es una forma de vivirla dolorosamente. Yo no puedo volver a escribir por eso mismo. Así como para Celan los nazis degradan el lenguaje, porque un poeta se alimenta del lenguaje de su época, cuando a uno le asesinan a un hijo, es Auschwitz. No es un asunto de cantidad, es un asunto de intensidad y de injusticia, y cuando volteas después y ves tanto muerto y dices: "El lenguaje de mi época lo han degradado los políticos y los criminales, mi español mexicano, como los nazis degradaron el alemán". A mí no me alcanza, no tengo la grandeza de Celan ni creo que nadie puede llevar una lengua poética hasta los extremos que Celan, lo digo ahorita, quién sabe mañana, pero ahorita no me alcanza, la lengua está asfixiada como asfixiaron los pulmones de mijo…

—*En algunas ocasiones has catalogado como poeta al Subcomandante Marcos, quien también dirigió un movimiento tan importante, significativo y esperanzador como el Movimiento por la Paz…*

—Es muy triste que no hayan reconocido que fue un gran escritor. Es la envidia de los seres que no pueden soportar que un poeta se tome en serio la realidad.

—¿Puedes explicar cómo ves el valor literario de Marcos?

—Yo creo que Marcos tiene un gran valor. Logró hacer lo que nadie había logrado: traducir el lenguaje indígena y el dolor indígena a una forma nueva de la literatura en español. Nos hizo comprender el dolor de los indígenas. Muchos de los cuentos de Durito son magníficos. Yo no digo que todos, ningún escritor hace obras maestras siempre. Hay altibajos hasta en los más grandes, pero hay unos muy buenos del viejo Antonio. Y los comunicados. Hay joyas literarias en los comunicados, que es el género del panfleto, un género literario que ha sido degradado, mal usado, pero al que Marcos le devolvió la dignidad literaria.

—Uno encuentra activistas en Seattle o en Sao Paulo que en cierta forma hablan con un lenguaje zapatista. "Para nosotros nada, para todos todo", y otras frases se han adherido a una generación en diversos países...

—¡Es eso! Creó un nuevo lenguaje. Devolvió el valor de ciertas palabras como *dignidad*. Hizo cosas importantísimas, además habló desde la premodernidad a través de la modernidad. Marcos fue un maestro, es un maestro de los medios.

—De repente la palabra dignidad *ya está lenguaje cotidiano. La otra vez escuché a un alcalde ladrón de Nuevo León usarla para justificar sus actos de corrupción...*

—El problema es que hay que mantenerlas con sus significaciones profundas, porque corren el riesgo de volverse palabras plásticas, amibas, sin forma. Y el lenguaje moderno está lleno de ellas. *Economía* es una de esas palabras; *comunicación* es otra; nadie sabe lo que significa *democracia* pero todo el mundo la usa. Las desgastan y se componen grandes discursos vacíos con ellas.

—*¿Y qué pasa con la palabra* justicia?

—Yo creo que viene desde los movimientos revolucionarios. La palabra *justicia* era una de las grandes tradiciones de todos los movimientos del 68, porque uno cree que los movimientos son aislados y terminan su periodo, ¡pero no! Son semillas que fructifican y son retomadas a través de la cultura. Nosotros le debemos mucho al zapatismo. Fuéramos impensables sin el zapatismo y él a su vez sin el 68 y muchas otras luchas revolucionarias sin las resistencias indígenas, es decir, los movimientos generan y se ponen en movimiento a través de esa línea de la cultura con mayúsculas.

—*Pero la palabra* paz *no estaba presente...*

—Hay un ensayo de Iván Illich genial sobre la palabra *paz*. El problema de la palabra *paz* es que es otra palabra amiba y viene del mundo romano: *pax*. Es una paz imperial. Hay muchas formas de nombrar la paz. Contrasta muy bien por ejemplo cuando el judío decía *shalom* que es la paz y el ciudadano romano decía *pax*. Cuando decía la *pax* el romano, volteaba hacia el imperio, veía los estandartes imperiales, no es lo mismo cuando decía *shalom* el patriarca, el patriarca alzaba los ojos al cielo y pedía la bendición del altísimo para proteger el pequeño rebaño de Israel. Entonces el problema de la paz es que no se ha encontrado. Lo que vivimos ahorita es la paz económica, que es una paz violenta porque es la del despojo, que alimenta a fin de cuentas la guerra, la paz de las grandes trasnacionales, la paz del arrasamiento de la tierra, la paz económica que tiene una resonancia más con la paz imperial.

—*Y bajo esa idea, ahora con el* PRI *en el poder, va a regresar "la paz" entrecomillada.*

—Puede venir una paz armada...

—*México ya conoce la paz porfiriana, ¿puede venir de nuevo algo así?*

—Una paz del militarismo. La paz de las armas, la paz del terror, la paz de la mano dura que tienen algunos priistas. Pero esa no es la paz, esa es la paz del imperio, la paz de la violencia, la paz que encubre a través de la violencia.

—*¿Qué va a hacer el Movimiento por la Paz si el nuevo gobierno del* PRI *le arrebata la palabra* paz*? ¿Qué armas tiene para defenderse?*

—Las únicas armas que tiene el movimiento, son las mismas que ha tenido: su dignidad moral y su discurso, que se ampara en la primera.

—*¿Pero sí estás contemplando ese escenario en que el gobierno de Enrique Peña Nieto tome la palabra* paz *pero en el fondo no la haga?*

—Sí, sí lo contemplamos. Yo creo que la sociedad y los procesos sociales, los movimientos no lo van a dejar. Hay tentación, como la tuvo Calderón, pero aquí depende de que la ciudadanía la deje. Por eso es tan importante esta agenda, la agenda que llevamos, porque además se la pusimos a Peña Nieto.

21. Los detectives de Pajacuarán

Pajacuarán es un pueblo de clima templado que fundaron los chichimecas y donde viven menos de diez mil personas. María Herrera Magdaleno parió ahí a siete hijos. Dos de ellos, Raúl y Salvador, viajaban por la costa grande de Guerrero el 28 de agosto de 2008, buscando pedacería de oro para revenderla en Michoacán. Salvador le habló a su madre para decirle que estaban llegando a Atoyac de Álvarez y al parecer había sucedido algo porque un aparatoso retén les estaba dando la bienvenida. Colgó y, a partir de entonces, María Herrera no supo más de ellos.

Dos años después, el 21 de septiembre de 2010, otros dos de sus hijos, Gustavo y Luis Armando, se dirigían al pueblo de Vega de la Torre, Veracruz, también para comprar pedacería de oro, el negocio de toda la vida de la familia Trujillo Herrera. Al igual que sus otros dos hermanos desaparecidos en Guerrero, Gustavo y Luis Armando encontraron un retén en la carretera de la región totonaca. Raúl habló de inmediato a su madre y le dijo que los estaban parando unos soldados del ejército mexicano, debido a que su coche traía placas de Michoacán. También fue la última vez que María Herrera supo algo de sus otros dos hijos.

María Herrera viaja ahora en la Caravana por la Paz en Estados Unidos, acompañada por Juan Carlos y Rafael, hijos que no le ha tragado la guerra del narco. Juan Carlos y Rafael han contado en diferentes reuniones con las demás víctimas la forma en que tuvieron que asumir la búsqueda de sus cuatro hermanos desaparecidos. Un trabajo de auténticos detectives.

Sobre la primera desaparición de hermanos que tuvieron, Juan Carlos y Rafael descubrieron que el mismo día en que Raúl y Salvador dejaron de comunicarse con su familia en Pajacuarán, había sido asesinada la esposa y las tres hijas de Rubén Granados Vargas, un narcotraficante por entonces antagonista del líder de la Unión Ganadera de Guerrero, Rogaciano Alba. Mientras en una iglesia cercana velaban los restos de la familia del narco apodado el Nene, en Atoyac de Álvarez y alrededores se había desatado una cacería para encontrar a los ejecutores. En ese contexto desaparecieron Raúl y Salvador, quizá confundidos con sicarios, de acuerdo con las investigaciones que hicieron *in situ* Juan Carlos y Rafael.

Después de aquella expedición en Guerrero, Juan Carlos y Rafael volvieron a Pajacuarán y establecieron contacto con la Familia Michoacana para averiguar si sus hermanos aún estaban vivos. "Buscábamos negociar por el lado de la delincuencia. Pero ni por ese lado, ni mucho menos por el del gobierno conseguimos saber qué pasó con nuestros hermanos."

En el caso de la segunda desaparición de los hermanos, ocurrida en Veracruz, Juan Carlos y Rafael decidieron arriesgarse aún más para tratar de encontrar a Gustavo y Luis Armando. Viajaron a Poza Rica y se hicieron pasar como compradores de droga. Empezaron a infiltrar con lentitud el mundo subterráneo y bastante compartimentado de los Zetas, hasta que hicieron camaradería con un mando de la banda de la última letra, a quien le confesaron cuál era su verdadero motivo. El hombre se apiadó de ellos. Juan Carlos fue amarrado, vendado de los ojos y luego llevado hasta algún lugar cerca de Poza Rica, donde lo recibió el más alto mando de los Zetas en la zona. "Le dije: 'Somos gente de paz, quiero buscar a mis hermanos. No tenemos todo el dinero del mundo, pero sí estoy en la disposición de darles todo lo que tenemos'. El hombre que estaba ahí me dijo: 'No tengo a tus puercos. Y si los tuviera te los daría por tu dinero. No te mato porque este que te trajo aquí me lo pidió, si no estarías muerto'."

Juan Carlos y Rafael dejaron Veracruz. Regresaron sin éxito –pero con vida– a Pajacuarán.

✳✳✳

María Herrera Magdaleno veía cómo Juan Carlos y Rafael, los dos hijos que le quedaban, arriesgaban cada vez más su vida en la búsqueda de sus cuatro hermanos. En 2011, cuando supo que la Caravana del Consuelo pasaría por Michoacán, decidió ir con Javier Sicilia para pedirle ayuda. Luego se integró al Movimiento por la Paz y ahora es uno de los miembros más activos. Durante el recorrido por Estados Unidos, por la tragedia de sus cuatro hijos veinteañeros desaparecidos y por su forma de hablar, María Herrera suele estar rodeada de personas que quieren abrazarla y escucharla.

Este es uno de esos momentos: María Herrera acaba de recibir un trozo de madera en el auditorio del Museo de Arte Mexicano, donde las víctimas que viajan en la Caravana por la Paz tienen un encuentro con activistas de Chicago. Los integrantes de la Caravana acaban de ser divididos en varios círculos de quince personas, para que hablen con una mayor intimidad con sus anfitriones. El trozo de madera que trae María Herrera representa una tradición azteca de oír al que habla, de acuerdo con los organizadores. María Herrera tiene la madera en este momento. Está hablando:

"Buenas tardes, mi nombre es María Herrera Magdaleno. Yo estoy aquí con ustedes, en primer lugar, dándole gracias a dios, enseguida a las comunidades que nos han recibido y dado su apoyo. Venimos aquí ante ustedes, como una muestra del dolor de nuestro país, pero al caminar nos damos cuenta de que no es nada más de nuestro país. También aquí en Estados Unidos existe injusticia, existe crueldad. Quizás un poco más moderada, pero hay.

También sabemos que este es un país de sueños, aunque desgraciadamente se nos prohíbe entrar en ese sueño. Nuestras realidades son las que estamos viviendo en México. Y nosotros los que estamos aquí somos sólo una muestra. Venimos de un valle de sangre. Se dice que hay ciento cincuenta mil personas desplazadas, pero yo diría que son muchas más, que no se lleva una estadística justa. También se nos dice que son veinte mil desaparecidos, cuando bien sabemos que son miles más, tantos que ya no los podemos contar. Las estadísticas no muestran la verdad. Lo que sí podemos decirles es que estamos desgarrados. Nos sentimos aplastados por tanta crueldad y no es justo, porque bien sabemos que el sol sale para todo mundo. El sol no tiene fronteras. Es un astro lleno de amor y en nuestra tierra madre no tiene que haber separaciones, diferencias.

Yo tengo cuatro hijos desaparecidos. En medio de este dolor, Dios me tiene aquí para luchar por todas las personas que no pueden hacerlo. Por todas esas personas que tienen miedo. Nosotros sólo los invitamos a que formen parte de este dolor. Esperemos que nos ayuden a acabar con esta guerra que no tiene sentido.

Vamos a seguir en la lucha, gracias a este ser humano que Dios nos puso en nuestro camino. Que tuvo que vivir este dolor al igual que nosotros. Que nos ayudó a darnos la visibilidad, porque estábamos en el olvido. Nadie nos escuchaba, nadie sabía de nuestro dolor. Las autoridades hacían caso omiso a nuestras quejas. Ahorita gracias a este joven, gracias a Juanelo [*Juan Francisco Sicilia*], gracias a ese gran dolor de esa gran familia del poeta, estamos aquí. Nos abrió un camino. Nos dio la oportunidad de luchar por todos ustedes. Esperamos que aquí en Estados Unidos, por donde hemos pasado, la gente se haya sensibilizado y nos apoye. Porque si estamos juntos, lo vamos a lograr.

* * *

Una cosa que se dice en Chicago es que el pasito duranguense se inventó aquí, no en Durango. También se dice que el Cártel de Sinaloa se dirige desde aquí, no desde Sinaloa. Lo que es cierto, según documentos oficiales, es que el Cártel de Sinaloa mantiene alianzas importantes con la mafia italiana, asentada en esta ciudad, donde hay restaurantes en los que el menú ofrece los platillos favoritos del presidente Barack Obama, quien hizo su carrera política y, al parecer, se la pasaba comiendo en los lugares baratos de la calle 53.

Por estos días, el tema en Chicago es la convención del Partido Demócrata, pero en los bajos fondos es el juicio de Vicente Zambada, hijo de Ismael *el Mayo* Zambada. Juan Carlos y Rafael, detectives improvisados, saben esto. Saben que en Chicago se mueven hilos que llegan lejos, quizá hasta México. Quisieran investigar más, perderse en los callejones oscuros de la Ciudad de los Vientos para averiguar algo de Gustavo, Luis Armando, Raúl y Salvador, sus cuatros hermanos desaparecidos. Pero ahora vienen a otra cosa. Vienen de Pajacuarán a Chicago para hablar de la paz.

22. La Caravana fantasma
Toledo, Ohio

"Hoy nos vamos a hablar otra vez a nosotros mismos", lamenta Javier Sicilia. El líder del Movimiento por la Paz está molesto por la ausencia de público en la parroquia Corpus Christi de la Universidad de Toledo. Ha fumado cuatro cigarros afuera y todavía no se anima a entrar al lugar.

Los cerca de cien viajeros que conforman la Caravana por la Paz, pararon su camino por carreteras estadounidenses, bajaron a comer un sándwich y luego recorrieron a pie dos kilómetros bajo una llovizna permanente. Nadie salió a recibirlos ni a darles muestras de apoyo durante su paso. Ni en el suburbio de lujo recorrido ni dentro del campus universitario que cruzaron de punta a punta.

Fotos ampliadas de mexicanos desaparecidos, secuestrados y asesinados que cargan sus familiares, pasaron desapercibidas por las calles de Toledo, una ciudad que en Estados Unidos es prestigiada por ser el sitio donde se fabrican los Jeeps de todo el mundo. Los gritos de "No más desapariciones" y "No más guerra contra las drogas", aunque sonoros, quedaron ahogados bajo la lluvia de septiembre. Apenas un murmullo en la soledad de la tarde todavía veraniega.

Por eso y además porque, salvo un puñado de religiosos y activistas anfitriones, no hay nadie esperándolos adentro de la parroquia universitaria en la que concluyó la marcha, es que Javier Sicilia está molesto. Sin embargo, los demás integrantes de la Caravana por la Paz han llegado y se han sentado en las bancas a reposar la caminata y resguardarse de la lluvia. Están esperando a que empiece el acto en el que se oirán a sí mismos contarse su dolor.

Sicilia entra unos minutos después. Mientras lo presentan recorre con la vista el círculo de pinturas colgando en la iglesia católica de Toledo. Sobresalen la imagen del obispo de El Salvador, monseñor Óscar Romero, asesinado por la junta militar de su país; también la de María Magdalena, Francisco de Asís y el Papa Juan XXIII, impulsor del Concilio Vaticano II, del cual emanó la Teología de la Liberación. Parece que sí hay quienes están recibiendo a la Caravana por la Paz en Toledo: El distinguido rebaño de las ovejas negras de la Iglesia Católica.

Y justo frente al líder del Movimiento por la Paz, está la imagen de Gandhi, el premio Nobel de la Paz que Sicilia admira desde su juventud.

***

En Chicago, un día antes de pasar por Toledo, durante una conferencia de prensa brindada en el ayuntamiento de la ciudad, un reportero local le preguntó a Sicilia si aspira al Premio Nobel de la Paz. El escritor contestó de inmediato que no está haciendo este viaje porque busque un premio. Que lo que le interesa es la paz. Durante esa misma conferencia, después de la respuesta del poeta, ha intervenido Teresa Carmona, una mujer de lentes y voz de terciopelo que busca justicia para su hijo Joaquín, asesinado a botellazos en el Distrito Federal: "Ya que se habla de esto, yo le diría a Barack Obama que, ya que es Premio Nobel de la Paz, que haga algo para detener esta guerra en México".

Teresa Carmona y Javier Sicilia quieren decirle esto en persona al presidente de Estados Unidos durante alguno de los tres días que estarán en Washington, ciudad en la que el 12 de septiembre acabará esta Caravana por la Paz. Sin embargo, la posibilidad de que Obama reciba al grupo de víctimas de la guerra del narco que ha cruzado Estados Unidos de costa a costa todavía es incierto. De cualquier forma, la esperanza prevalece al interior del Movimiento por la Paz.

En los días previos de la llegada de la Caravana a la capital estadounidense, tanto en Nueva York como en Baltimore, el equipo más cercano a Sicilia ha apretado el paso con tal de conseguir una mayor repercusión en la agenda de los grandes medios estadounidenses, en los que la trayectoria de la Caravana ha pasado casi tan desapercibida como pasó la marcha de ayer por Ohio.

Sicilia parece mantener la inspiración. Una vez que empezó a hablar en la parroquia de Corpus Christi para sus propios compañeros de viaje, frente a la imagen de Gandhi, bromeó diciendo que agradecía la lluvia de Toledo, ya que la Caravana necesitaba un baño. Luego dijo que este movimiento "detendrá la locura de los criminales, sumada a la locura de las autoridades que ha desatado esta guerra".

23. Del Cauca a Harlem
Nueva York, Nueva York

En el Valle del Cauca, lugar de donde viene Víctor Mario Díaz, los campesinos colombianos que siembran hoja de coca necesitan cultivar cien kilos para ganar apenas mil dólares. Con esa cantidad de hoja de coca es posible procesar un kilo de cocaína que en las calles de Harlem –por las que marchó la Caravana por la Paz– se vende a cien mil dólares.

El precio de la coca del Cauca, una vez que llega a Estados Unidos transformada en cocaína, aumenta mil por ciento: la siembra de coca en Colombia no es mal negocio, pero su venta en Estados Unidos es un negocio más que lucrativo.

Víctor Mario Díaz nació en Puerto Tejada, un pueblo del suroeste colombiano donde saben bien lo que significa la palabra *coca*. Y saben también que esa palabra va asociada a la palabra *guerra*. "Las opciones que uno tiene cuando termina el colegio son muy pocas. Tienes que conseguir un arma y aprender a usarla para algún grupo. Ya sea para los paramilitares o guerrilleros...

O también están los mismos militares. En la zona donde yo vivo siempre se ha visto el reclutamiento forzado para que los grupos controlen el tráfico y los cultivos de droga", cuenta el activista colombiano, quien acompaña desde el pasado 12 de agosto a las víctimas de la guerra del narco mexicano, en su periplo de protesta por Estados Unidos.

KT-Dra, como Víctor Manuel prefiere que lo llamen debido a la faceta que tiene como cantante de rap, creció entre ese ambiente pero logró desligarse. A los dieciocho años de edad se fue a trabajar a la ciudad de Villarrica a una fábrica de pañales, donde después fue reclutado por la Fundación Villarrica. Ahí lo prepararon como orientador enfocado en la prevención de la violencia. A partir de entonces, KT-Dra recorrió Bogotá, Medellín y otras ciudades colombianas, intercalando su vida de rapero con la de trabajador social.

"Las Caravanas y el impacto que ha tenido el Movimiento por la Paz para mover a tanta gente, son algo que no se ha visto nunca en Colombia, pese a que en mi país se vivió una violencia similar o mayor a la que se vive en México", reflexiona KT-Dra cuando explica por qué decidió sumarse a la Caravana por la Paz.

A diferencia de la recepción del día anterior en Ohio, donde nadie salió a las calles, aquí en Manhattan la Caravana por la Paz es recibida por decenas de personas. La marcha que recorre Harlem, histórico barrio afroamericano, es la más concurrida hasta el momento.

KT-DRA, al igual que otros integrantes del Movimiento por la Paz, está visiblemente entusiasmado por el recibimiento neoyorquino.

"Esto podría marcar una raya en la historia y movilizar mucho más procesos. Es un desgaste logístico, físico y todo, pero vale la pena. Unos locos que se atreven a atravesar Estados Unidos y están con sus fotos, con sus gritos, mientras otros están en sus casas, en sus trabajos, esperando prender el televisor y ver las noticias de lo que está pasando, resignados. Una de las cosas que tiene esta Caravana es que tiene la energía para cambiar las cosas", relata el colombiano treintañero.

KT-Dra también está emocionado, pero no por recorrer la cuna del rap que es Harlem, sino por lo que ha visto en las últimas tres semanas. Una de las letras de su grupo, Soporte Klan, recalca esto: "Decisiones tomadas/ sangre derramada/ para muchos este es el mundo/ para otros aquí no pasa nada".

Más que en Nueva York, en el viaje de la Caravana por la Paz, KT-Dra dice que tuvo una expectativa especial por el recorrido que hicieron por estados como Mississippi, Alabama y Georgia. "Como afrocolombiano, me gustó mucho la integración que hubo entre latinos y afroamericanos en esos lugares. Yo, dentro de la Caravana, no pienso si soy negro, si soy de Colombia. Lo mío va más allá de eso, siento la necesidad de paz. Durante todo el tiempo que he estado en la Caravana he tratado de entender y pensar cómo podría este movimiento o este proceso apoyar otros procesos en Colombia. Creo que históricamente es mucho lo que se está haciendo, pero quizá los mexicanos no se están dando cuenta."

Tras tres kilómetros recorridos por las calles de Manhattan, la marcha de la Caravana por la Paz concluye en las escalinatas de la iglesia de Santa Cecilia, donde una manta que anuncia a Vickie Winans, cantante de *gospel*, se confunde entre los carteles de los desaparecidos, asesinados y torturados mexicanos. Carteles que han atravesado Estados Unidos de costa a costa.

Junto con los demás manifestantes, KT-Dra grita: "*No more drug war*". Luego el dirigente de la Asamblea Popular de Familias Migrantes, Marco Castillo, quien ha encabezado esta marcha en la que no participó Javier Sicilia, dice al final de su discurso que las víctimas de la guerra del narco mexicano decidieron recorrer Harlem porque este es uno de los lugares donde se cosecha la criminalización de afroamericanos por vender droga: la misma droga que se procesa en el Valle del Cauca, de donde viene KT-Dra, y donde los jóvenes son reclutados forzadamente a participar en una guerra que se libra también en México y Estados Unidos.

24. "Venimos a lavar nuestro dinero"
Nueva York, Nueva York

En la sucursal de HSBC junto al Ayuntamiento de Nueva York, un espacio bien refrigerado del denso calor húmedo del verano, y profusamente limpio e iluminado, no había ningún cliente cuando entró el poeta Javier Sicilia, escoltado por su amigo, también poeta, Jorge González de León. Un par de escritores mexicanos estaban a punto de intentar abrir una cuenta en una institución bancaria que, según una investigación del senado de Estados Unidos, lavó dieciocho mil millones de dólares producto de negocios del tráfico de armas en Medio Oriente y el narcotráfico en México.

El líder del Movimiento por la Paz golpeó el mostrador detrás del que estaba sentado un ejecutivo vestido de forma elegante: saco azul oscuro, camisa celeste y corbata rosa. Sicilia le dijo en español: "Llame a un directivo, quiero verlo para abrir una cuenta". González de León tradujo al inglés las abruptas palabras de su compañero poeta, mientras el empleado extrañado alzaba la ceja izquierda.

Luego Sicilia puso en el mostrador el pequeño maletín negro con el que había entrado. Lo abrió y dejó ver varios fajos de billetes verdes con manchas rojas y la leyenda en inglés: "Dinero sangriento". Un grupo de camarógrafos que acompañan la Caravana por la Paz en Estados Unidos grababa la escena con sus equipos más discretos.

Entonces Sicilia tomó un dólar de los fajos, lo levantó y dijo: "Venimos a lavar nuestro dinero… dieciocho mil millones de dólares queremos lavar también". Luego hizo una pausa y añadió como apurando al petrificado ejecutivo bancario: "Un Ferrari me espera".

En ese momento, personal de seguridad se acercó al mostrador y pidió que los camarógrafos dejaran de grabar. Cosa que por supuesto no hicieron.

Sicilia tomó después más dólares "ensangrentados" del maletín y los alzó al tiempo que decía: "Hay muchos muertos y acá hay delincuentes. Tengo un hijo muerto porque lavan dinero aquí. Este dinero ha costado muchos muertos: ¡Sangre! ¡Sangre! ¡Señor!"

El ejecutivo reaccionó al fin y le dijo que no podía abrirle una cuenta.

Con los policías levantando cada vez más la voz, pidiendo orden en el lugar, la pareja de poetas se apuró a lanzar unos cuantos billetes al escritorio del ejecutivo. "Queremos que se lave nuestro dinero", insistió Sicilia y luego dio la media vuelta para dirigirse a la salida diciendo: "Bueno, señores, no quieren lavar nuestro dinero…"

González de León permaneció un momento juntando los billetes que acababan de esparcir en el mostrador, pero Sicilia le dijo: "No, déjalos".

El otro poeta le respondió: "Se los voy a enseñar a la prensa allá afuera". Y se apuró a meterlos en el pequeño maletín negro con el que llegaron cinco minutos antes a abrir una cuenta con dólares marcados con sangre.

* * *

Antes de irrumpir en la sucursal de HSBC, Javier Sicilia y las demás víctimas de la guerra del narco, que en las últimas tres semanas han viajado por veinticuatro pueblos y ciudades de Estados Unidos, realizaron un acto de protesta en las escalinatas del ayuntamiento de esta ciudad gobernada por el empresario Michael Bloomberg.

El escritor leyó el tercero de los cuatro discursos especiales que preparó para esta Caravana por la Paz que concluirá en Washington. Sicilia inició su intervención con un verso del poema "El frío agitado", de Jim Morrison: "¿Quién convocó a estos muertos? [...]/ Yo los llamé para/ ungir la tierra./ Los llamé para anunciar/ la tristeza que cae como/ piel quemada./ Los llamé para desearles/ que les vaya bien [...]/ Ahora los llamo/ para rezar".

Durante su mensaje, Sicilia se refirió al EZLN y al Movimiento Ocuppy, que brotó en este distrito financiero en 2011, como las señales más visibles de "un parteaguas civilizatorio en el mundo", en medio del cual se libra una guerra contra las drogas "que no ha bajado en nada la demanda de la droga y que ha aumentado exponencialmente la violencia, la criminalidad, el robo, la extorsión, el secuestro, la trata y el asesinato de inocentes".

"Esta guerra –denunció Sicilia– ha incrementado el número de negocios contraproductivos: armas, policías, ejércitos, inteligencia militar, cárceles, burocracia judicial, fábricas clandestinas de drogas, estructuras burocráticas y ejércitos de criminales; ha generado, además, una acumulación inmensa de capitales que sobrepasa el de las grandes corporaciones."

Parafraseando el poema del vocalista de The Doors con el cual había iniciado su discurso, Sicilia terminó diciendo que los muertos de la guerra contra las drogas "rezan hoy con nosotros y exigen en su rezo que le demos 'una oportunidad a la paz' y miran con indignación el lavado de dinero que realizan los bancos al amparo de los gobiernos y de los poderes fácticos."

***

Al salir de la sucursal de HSBC, los poetas Javier Sicilia y Javier González de León lanzan el dinero ensangrentado a las calles de Manhattan.

Una reportera de radio pregunta:

–¿Qué sucede, Javier?

—Nada —responde el escritor—, no nos quieren aceptar nuestro dinero.

Después Sicilia se voltea, señala el rascacielos rodeado de rascacielos y grita: "¡En este banco se lava dinero!"

Los dólares recién tirados se quedan quietos en la banqueta. No hay viento veraniego que los haga volar. Un indigente —que también los hay en Wall Street— se acerca y toma unos cuantos de forma apresurada.

* * *

Javier Sicilia da en Wall Street el siguiente discurso titulado "Démosle una oportunidad a la paz":

> Comienzo con unos versos de "El frío agitado" *["The cool fluttering"]* de Jim Morrison: "¿Quién convocó a estos muertos? [...]/ Yo los llamé para/ ungir la tierra./ Los llamé para anunciar/ la tristeza que cae como/ piel quemada./ Los llamé para desearles/ que les vaya bien [...]/ Ahora los llamo/ para rezar."
>
> Por los muertos de esta absurda guerra contra las drogas que vienen con nosotros desde lejos; por los muertos de la imbecilidad terrorista del 11 de septiembre que, junto con todas las víctimas de la violencia, los versos de Morrison han convocado aquí para "ungir la tierra", "para anunciar la tristeza" que nos embarga y rezar con John Lennon "démosle una oportunidad a la

paz" [*"Give peace a chance"*], guardemos un minuto de silencio.

El mundo vive un profundo parteaguas civilizatorio que hace casi veinte años el levantamiento zapatista en México puso en evidencia al visibilizar a los grandes excluidos del mundo: los pueblos indígenas, y con ellos a los millones de pobres que la lógica del dinero ha excluido y hundido en la miseria. Pocos lo comprendieron y han tenido que edificar un mundo en las montañas del sur de México asediados por la incomprensión y la guerra. Casi veinte años después, aquí, en el paradójicamente centro de la cultura del mundo y de la barbarie de las finanzas, los Occupy y los 99% volvieron a visibilizarlo: "Somos el 99%", no cesan de gritar, y al hacerlo no sólo se refieren al 99% de los excluidos de Estados Unidos, sino del mundo entero: asalariados mal pagados y agobiados por los impuestos y las deudas, parados, excluidos de la educación y de una vivienda digna, migrantes, jóvenes que jamás tendrán un trabajo y niños que sobreviven en la miseria de las chabolas sin esperanza alguna porque sus tierras y sus economías de soporte mutuo han sido destruidas en nombre del dinero. La economía moderna, que nació hacia el siglo XVII, y que hace parte con diversos matices, tanto de los capitalistas como de los socialistas y los comunistas, entró en crisis y muestra su inoperancia. No sólo ha arrasado culturas, pueblos, territorios y medioambiente, sino que, por lo mismo, está dejando a millones de seres humanos en la indefensión absoluta y al planeta en un proceso grave de deterioro. Esa lógica económica tiene que cambiar por una economía, como nos lo enseña Gandhi, de los límites, de las proporciones y de la pobreza digna. Hay, sin embargo, un dinero que nace de esa misma economía y que es aún más terrible y perverso: el dinero de la guerra contra las drogas.

Esta guerra no ha bajado en nada la demanda de la droga pero ha incrementado el consumo de droga mala y sintética; ha aumentado exponencialmente la violencia, la criminalidad, el robo, la extorsión, el secuestro y la trata de personas; ha asesinado a miles de seres inocentes, ha generado inmensas poblaciones de desplazados y ha corrompido a otros miles que, sometidos a la miseria y a la lógica enferma del dinero, se han vuelto el ejército de reserva de la delincuencia o el ejército que a través de bancos y de funcionarios corruptos lavan el dinero sucio; ha incrementado el número de negocios contraproductivos: armas, policías, ejércitos, inteligencia militar, cárceles, burocracia judicial, fábricas clandestinas de drogas, estructuras burocráticas y ejércitos de criminales; ha generado, además, una acumulación inmensa de capitales que sobrepasa el de las grandes corporaciones. En síntesis, esta guerra contra las drogas ha fortalecido, como ocurrió en los años veinte con la prohibición del alcohol, la barbarie, y está poniendo en peligro la cultura humana, destruyendo la democracia y abriendo el camino al autoritarismo, a los Estados policíacos y militares, y a su contraparte, la violencia criminal. Por ello, León Bloy y Giovanni Papini definieron el dinero como "la sangre del pobre" y "el excremento del diablo", respectivamente.

Si los zapatistas, los Occupy y los 99%, al visibilizar a los excluidos de esta tierra pusieron en evidencia lo que la economía moderna, "la sangre del pobre" y el "excremento del diablo", ha traído de miseria y dolor, nosotros, que formamos parte de ese 99%, venimos desde lejos para visibilizar por medio de nuestro dolor lo que, a través de la guerra contra las drogas que el presidente Nixon declaró para el mundo entero hace cuarenta años, está generando de mayor miseria, barbarie, sufrimiento y perversa acumulación de capitales.

En cada uno de los muertos de esta guerra, en cada uno de los muertos de la violencia que los versos de Jim Morrison –un hombre que tuvo el derecho inalienable de elegir su destino– han convocado, están las

víctimas de todo el mundo que la especulación económica de esta guerra está cobrando de manera atroz.

Esos muertos –que rezan hoy con nosotros y exigen
en su rezo de que le demos "una oportunidad a la paz"–
miran con indignación el lavado de dinero que realizan
los bancos al amparo de los gobiernos y de los poderes
fácticos; miran con indignación esta guerra que sólo
ha servido para aumentar la muerte, la corrupción, el
crimen y el dinero amasado con el dolor, la injusticia
y la pérdida de las libertades; miran con indignación
a los Estados que, contra todo sentido de la verdad,
la alimentan desde aquí y dejan a un lado las mejoras
sociales. Por ello, desde esa indignación, en medio de
esta gran ciudad, de esta gran capital que resguar-
da a la vez la grandeza de la cultura y la barbarie de
las atrocidades financieras que alimentan la guerra, los
muertos nos exigen que le demos una "oportunidad a
la paz". Una paz que sólo llegará cuando pongamos
por encima de los prejuicios y del dinero la vida humana y sus libertades, cuando nos preocupemos por
las mejoras sociales y no por los capitales y sus múltiples y perversos usos, cuando sometamos la droga
y las armas a los controles del mercado y del Estado,
cuando aprendamos a hacer economías limitadas, pobres, sanas, justas, que se basen en procesos de soporte
mutuo y en libertades creativas que tejan las vidas de

las comunidades y los barrios, cuando decidamos salvar la democracia que los padres de esta nación heredaron al continente americano y que esta guerra está destruyendo; cuando juntos, por fin, hagamos verdaderamente nuestras, y exijamos que nuestros gobiernos las hagan suyas las palabras de Martin Luther King —otra víctima de los prejuicios y de los intereses, que desataron también esta guerra—: "El odio nunca puede terminar con el odio, sólo el amor y el servicio pueden hacerlo".

No nos convirtamos en una generación que sumida en el estremecedor silencio de la indiferencia tenga que lamentarse después por haber aceptado las políticas de guerra de sus gobiernos que no han cesado de auspiciar el crimen. Jamás resolveremos el problema de la droga haciendo una guerra que sólo ha dejado millones de dólares a los delincuentes y que amenaza con convertir todo en un mundo de miseria, desprecio y muerte donde sólo administrarán los criminales.

"Démosle una oportunidad a la paz."

25. Tres madres en Nueva York
Nueva York, Nueva York

Lucía Baca se maravilló cuando conoció Nueva York por primera vez en 2009. Ahora que regresó en 2012 anda con un vacío enorme que la hace cargar por las calles de Manhattan un cartel que dice:

Ya basta, señor gobernador de Nuevo León.
Estamos buscando a: Alejandro Alfonso Moreno Baca.
Edad actual: 34 años
Estatura: 1.74 m
Tez: Blanca
Desapareció: Pasando la caseta de Sabinas Hidalgo,
Nuevo León, a Nuevo Laredo, Tamaulipas

El gobernador de Nuevo León es uno de esos funcionarios de México que usan la política para que todo siga igual y a su conveniencia; Alfonso Moreno, cuya foto aparece en el cartel, es el hijo de Lucía Baca. Lucía conoció con Alfonso esta ciudad a la que volvió con la Caravana por la Paz en Estados Unidos, para denunciar su desaparición forzada y exigir el fin de la política antidrogas actual.

El 27 de enero de 2011, Alfonso viajaba por la carretera de Monterrey a Nuevo Laredo. Ese día a las 8:50 pm, desde su Blackberry actualizó su estado de Facebook, diciendo que acababa de pasar la caseta de cuota de Sabinas Hidalgo, Nuevo León. Desde aquel momento, Lucía no supo más de él.

Resulta menos complicado inventar una novela de horror que contar lo que ocurre día con día en el noreste de México. En la zona donde Alfonso fue desaparecido hay reportes de decenas de personas a las que también se ha tragado la guerra del narco. Lucía ha constatado que en esos lugares el gobierno no solamente ha suprimido la ley, sino que puede llegar a ser una fuerza criminal en sí mismo.

Alfonso es un ingeniero electrónico que trabajaba para la compañía IBM. El día que desapareció iba rumbo a Laredo, Texas, a visitar a un amigo. Saber qué pasó con Alfonso, guía desde entonces los pasos de su madre. Por eso está de nuevo en Nueva York: "Mi esposo y yo vinimos por primera vez a Nueva York cuando mi hijo cumplió treinta años. Alfonso quería que estuviéramos juntos aquí. Él ya había venido antes y fue nuestro guía cuando anduvimos esa vez. Por eso volver a Nueva York es demasiado fuerte para mí", dice Lucía.

Pero Lucía marcha con el resto del contingente de víctimas por Wall Street. Y grita como los demás. Y recuerda. Y no le importa que Nueva York sea una maravilla.

* * *

Teresa Carmona entró a la sucursal de HSBC junto al ayuntamiento de Nueva York, al mismo tiempo que lo hizo Javier Sicilia, pero ella fue hacia donde estaba una de las cajeras. Se presentó con amabilidad como integrante de la Caravana por la Paz. Le dijo que tenía un hijo, Joaquín, que era estudiante de Arquitectura en la UNAM y que había sido asesinado en su departamento del Distrito Federal. Que tenía veintiún años y que era el que estaba sonriendo en la foto que ella cargaba. Le dijo además que la guerra del narco en México estaba financiada con dinero que los cárteles de la droga lavaban en HSBC y en otros bancos. Luego, con esa ternura rara de la tragedia, le mostró dólares marcados de rojo como si fuera sangre.

La cajera del banco tenía una mirada indiferente que parecía pertenecer a otra especie biológica. Era amable y sensible como un golem.

Teresa alzó un poco la voz y le dijo: "Tu banco lava dinero".

La cajera contestó: "¿Mi banco lava dinero?" Y luego se levantó de su asiento y empezó a moverse detrás del cristal.

En eso llegó un policía que tenía el cuerpo de un tacle de los Gigantes de Nueva York y se puso detrás de Teresa, alzando unas relucientes y amenazantes esposas. Teresa salió de inmediato y ante las grabadoras y las cámaras gritó: *"¡This fucking money blood killed my children!"*

* * *

María Guadalupe Aguilar es una enfermera retirada que empezó a escribir dos diarios a partir del 17 de enero de 2011. Esa noche sacó una libreta Scribe y lo primero que anotó fue: "Hijo mío, donde estés, pídele ayuda a la Virgen de Talpa". Su hijo José Luis Arana había viajado ese día por carretera de Guadalajara a Colima para encontrarse con un amigo, cuando de repente, todos sus conocidos perdieron contacto con él.

Mientras María Guadalupe buscaba a su hijo, una amiga psicóloga le recomendó que siguiera escribiendo lo que iba sintiendo día con día. Y así lo hizo, aunque al adentrarse más y más al mundo policial –visitar comandancias y morgues– se obligó a sí misma a escribir otro diario más, registrando citas e informes.

"Fui a la morgue de Guadalajara a ver un cuerpo. Pero el cuerpo estaba muy descompuesto. Se me ocurrió medir el pie. Mi hijo calzaba del siete y medio. Este cuerpo no... Después supe que un hombre viejo fue dado por muerto. Y luego el viejo se apareció en su velatorio. Supe eso y le pregunté al jefe del forense de Jalisco: '¿Qué seguridad tengo de que si un día me das un cuerpo, me vas a entregar realmente el de mi hijo?'"

En realidad, María Guadalupe tiene ahora tres diarios. Porque decidió hacer uno especial para las veinticinco ciudades y pueblos de Estados Unidos que ha visitado junto con la Caravana por la Paz en Estados Unidos, desde el pasado 12 de agosto.

Cuando la Caravana partía de Nueva York a Baltimore, María Guadalupe escribió en el autobús: "Nueva York es importantísimo para el objetivo que nos trae hasta aquí. Grata impresión del recibimiento de YoSoy132 NYC. En sí la ciudad es imponente y espectacular, de tal suerte que así fue la parada junto a la estatua de Washington. Me gustó y estuvo muy bien planeada… Todos queríamos pasar en el camión por la Quinta Avenida, ya que muchos de nosotros jamás podríamos tener flexibilidad, criterio y consideración para las paradas y traslados a estos sitios emblemáticos. Me gustó Nueva York".

Diálogo con un poeta en silencio V

—¿En qué lucha internacional se enmarca el Movimiento por la Paz?

—Creo que el Movimiento por la Paz, como el zapatismo, como todos los movimientos sociales que están emergiendo, los ocupas, los 99%, los indignados, la primavera árabe, todo estos están narrando lo nuevo. Es decir, yo creo que vivimos un parteaguas civilizatorio parecido a la caída del imperio romano o a la caída de las monarquías absolutistas. Es decir, las construcciones históricas del estado como lo concebimos desde Jobs, con sus variantes, y la economía, concebida como maximización de recursos, maximización de capital a través de uso de recursos, entró en crisis. Son construcciones históricas que mueren o que mutan. ¿Qué pasa con el absolutismo? ¿Qué pasa con la Revolución Francesa? Destruyen toda una noción del Estado que ya estaba y después su versión mussoniana, luego la versión leninista, la fascista y se han desaparecido. Y junto a eso surgió la economía y apareció incluso Marx. Marx no hizo la crítica de la economía, Marx quiso domesticar el capital, moralizar lo inmoralizable, pero nunca dio por hecho que esa economía capitalista estaba ahí, y era el principio del desarrollo hacia el comunismo. La dio por sentada como un hecho y una fase de procesos, pero la base era económica y el mesianismo Marxista es el orden de lo económico, de ese tipo de economía nomás que repartida hasta la clase obrera que estaba siendo usurpada por el capitalista, pero que al final de cuentas es lo mismo: la base económica del capitalismo y del comunismo es la misma, pues eso también entró en crisis.

—*¿Esta Caravana está recorriendo ese parteaguas?*

—Va en este. Como en el zapatismo, como los otros, ya las instituciones no nos representan...

—*Por eso tal vez esta Caravana ahora recorre Estados Unidos y no México.*

—Exactamente. También acá venimos a decir: "¡Falso! Miren, ya la democracia representativa es una falsedad, ustedes han sacrificado al estado a los intereses del capital y el capital está destrozando todo". La democracia es de otra manera, por eso pudimos hablarles en el Castillo de Chapultepec como les hablamos. Somos iguales, güey. Reivindicamos otro tipo de democracia que está otra vez en los orígenes, está el poder en la gente.

—*Y hasta ahora varios de los actos de la Caravana son a final de cuentas contra el dinero, contra el negocio.*

—Contra el negocio y su capital, así como su expresión más perversa que es el crimen y la guerra. Quisiéramos golpear a los grandes capitales de la guerra y parte de los capitales de la guerra son las armas. Hemos hecho una crítica profunda a esta cosa que está en crisis, que está siendo cuestionada no sólo por nosotros. Los zapatistas lo cuestionaron de una forma como nadie, aparte los contenidos zapatistas son los más claros…

—*¿Y con Marcos tuviste algún tipo de diálogo a lo largo del Movimiento por la Paz?*

—Yo nunca entendí qué paso. Empezó muy bien, había también un cariño mutuo, yo creo que nadie como yo, y no es presunción, pero no dejo de recordar cada quince días la deuda que tenemos con ellos y ellos salieron cuando empezó nuestro Movimiento. Hacía muchos años que ellos no salían y cuando empezamos la marcha, allá en Chiapas había veinte mil zapatistas. Desbordaron una solidaridad inmensa y después hubo una ruptura que nunca he entendido por qué fue.

—*¿Después de la primera Caravana por el norte de México?*

—Fue en la segunda Caravana, la que hicimos por el sur. No entendí qué pasó y todavía sigo sin entender.

—*¿Cuál es la cronología de la relación?*

—Había cartas, antes de ir a Ciudad Juárez nos invitan a hacer un encuentro de víctimas en Oventik y en ese momento era muy delicado, entonces yo le dije que no a quien nos habían mandado, pero yo debí haberle escrito a Marcos, ahí hubo un error. A través de una persona les dije: "Es muy prematuro y estamos terminando un proceso, mira, espérense tantito, cabrones, estamos terminando estos procesos". Y la repuesta fue muy brutal. Al otro día nos dijeron: "Ya sabemos que no quieren nada con nosotros". Entonces yo me enojé y les dije: "¿A ver, cuando ustedes dicen espérenos nos tenemos que esperar hasta dos años y nadie los está presionando? Yo también tengo procesos, todos tenemos procesos y cuando les digo espérenos, se ponen como quinceañeras, ¿no? Nos dicen: 'Apúrense', como señoras de las Lomas, no se vale". Ya he intentado tender algunos puentes y ellos también, pero no se logra. Les dije que esto estaba ya tan descompuesto que quería mejor hablar con Marcos directamente, pero no se ha dado. Ahora hay demasiado ruido. Lo lamento, porque si algo yo reconozco, con todo y mis críticas, es que el zapatismo es una de las grandes cosas que le han pasado a México en muchas décadas.

—¿*Qué puentes les has mandado? ¿Qué guiños?*

—Le envíe una carta a Marcos… Hay que aguardarlos, ellos así son, traen otro proceso que hay que admirar. Son procesos lentos y hay que aprender de ellos.

—¿*Y cómo es tu relación con los familiares de las víctimas que forman parte del movimiento?*

—Yo soy un hombre muy solitario al final de cuentas. Me gustan los pequeños grupos y pues he cargado mucho dolor con ellos, y los veo y todo eso, pero no quisiera tener una intimidad muy grande. ¿Me entiendes? Porque yo todavía tengo que procesar mi propio dolor. Pero nos hemos consolado y cuando me han necesitado ahí estoy, y cuando he necesitado, ahí están, pero no puedo entrar demasiado a un mundo de víctimas, ya las traigo encima, traigo demasiado dolor, tengo que irme una temporada…

—*Recuerdo el día que mataron a Nepomuceno Moreno por buscar a su hijo en Sonora. Era el 28 de noviembre de 2011 y estábamos en la Feria del Libro de Guadalajara. Esa noche quedamos de cenar contigo Sara Schulz, Andrés Ramírez y yo. Entre nosotros nos pusimos de acuerdo en tratar de que la conversación girara sobre la poesía, de darte cierto alivio tras lo que había pasado ese día, pero de repente llegó un hombre muy elegante, se puso atrás de ti, te paró, te abrazó y mientras te abrazada vi que sólo tenía tres dedos en la mano izquierda. Después supe que era un hombre a quien durante su secuestro le habían cercenado dos dedos. Pero en ese momento tú te volviste a sentar y seguimos hablando, sin embargo quedó claro que eres alguien que todo el tiempo está recibiendo el dolor de todo el mundo. En México mucha gente tiene dolor y te lo está dando a ti, porque no sabe qué hacer con él, porque el horizonte institucional es desesperanzador. No sé cómo procesas esa condición de tu vida.*

—No lo sé yo tampoco, por eso me trato de preservar. Todavía no llego a mi soledad y ver cómo me voy a encarar con todo eso, en ese cuadro, en ese fondo negro, el de los cuadros negros de Rothko.

—*La gente te ve y se acerca a ti porque tiene un dolor de por medio. El pretexto para relacionarse contigo es el dolor.*

—Sí, todo el tiempo.

—*Tú vas a ser un símbolo de ese dolor, de ese desamparo…*

—Sí, por desgracia un símbolo del dolor pero, quién sabe qué misterios hay ahí, terribles.

—*Por eso me sorprendió mucho que me dijeras hace tiempo que no orabas desde la muerte de Juanelo, que habías dejado de hacerlo al igual que habías dejado de escribir poesía. ¿Qué haces entonces con tu dolor?*

—Llegué a un punto donde la oración está ahí, llegué a esa fe que tampoco necesita de la mediación, que se alimenta, quizá, "no lo sé de cierto", como decía Sabines, pero quizá estoy en esa parte, en una parte de la noche espiritual, en la noche pasiva de los sentidos donde ya nada de lo que hagas funciona ni te satisface y tienes que estar dependiendo de lo que viene de allá. Creo que estoy ahí, y así como las mediaciones no me dicen nada, digo, de repente voy a misa y es cuando necesito pero ya no me es tan importante ni la teología, no hay de las cosas que conozco algo que me satisfaga, con excepción de algunos místicos que me iluminan eso sí, pero la teología, las respuestas teológicas, puramente teológicas no me satisfacen. Y tengo que vivir en esta oscuridad así como el cuadro negro de Rothko, pero es una forma de la oración y lo comparo quizá con la noche pasiva de los espíritus. No es que no esté en oración, es que la oración se volvió otra cosa, se volvió como algo que está ahí adentro y es la propia fuerza del espíritu que me rebasa pues, una fuerza que haga lo que haga no importa, no me consuela, prefiero estar en esa pasividad interna.

—¿Entonces eso es lo que también te está moviendo?

—Yo creo que sí. Y también el amor, algo que no es el orden de otra cosa, que está implicado con esta parte en lo espiritual, el amor a mi hijo, el amor a mi familia, el amor a mí mismo, el amor a los otros.

26. "SE LOS DIJIMOS, IMBÉCILES"
BALTIMORE, MARYLAND

Veinticinco ciudades y más de nueve mil kilómetros recorridos después, con el destino final de este largo viaje, Washington, a menos de dos horas de camino en carretera, el líder del Movimiento por la Paz, Javier Sicilia, hizo una primera reflexión sobre la Caravana de víctimas de la guerra del narco que encabezó por Estados Unidos.

Primero, en el auditorio del Colegio de Sojourner Douglass, el escritor habló del asesinato de su hijo, Juan Francisco Sicilia, algo que usualmente no hace en público. "Yo me pregunto muchas veces si esta guerra de Felipe Calderón y de Estados Unidos no existiera, mi hijo estuviera vivo", cuestionó en esta ciudad, una de las diez más violentas de la Unión.

Sicilia explicó a los asistentes, en su mayoría miembros de la comunidad afroamericana local, que su hijo y los amigos que junto con él fueron asesinados en Cuernavaca, Morelos, eran deportistas y nunca habían probado droga. "Eran muchachos buenos. Y esta guerra se desata para evitar que se droguen adictos que eligieron libremente drogarse, y para salvaguardar a un Estado que no ha sabido construir una política de salud pública, de vida humana. Por eso yo me pregunto: ¿por qué tenían que morir mi hijo y estos muchachos?, ¿para proteger a consumidores de droga que libremente lo hacen?"

Después Sicilia habló sobre lo que ha pasado en los años recientes en México. Dijo que cuando el presidente Felipe Calderón, auspiciado por la política antidrogas de Estados Unidos, decidió hacer una guerra y sacar el Ejército a las calles, los cárteles "que antes simplemente buscaban su nicho en el mercado" fueron obligados a armarse de la misma forma que el Ejército. Posteriormente, aseguró Sicilia, el gobierno mexicano implementó una política de descabezamiento de los capos, la cual produjo la multiplicación de células criminales sin control alguno. "La muerte de mi hijo y sus amigos se debe a eso: a células criminales que nadie controlaba ya. Células que su objetivo ya no era la droga, sino el crimen, la extorsión, la trata de personas... Esto es lo que ha generado esta guerra: diversificación del crimen, multiplicación del horror, muertos inocentes...".

En ese momento, Sicilia calló unos segundos. Luego volvió a hablar con un tono más alto: "Y este es el dolor que traemos, es el dolor que traigo, es un dolor que nunca se nos va a quitar... No tolero, no toleramos más la imbecilidad política y la imbecilidad criminal".

La última frase que el poeta gritó antes de la ovación fue: "¡Estamos hasta la madre de sus pendejadas!"

* * *

Enrique Morones, líder de Ángeles de la Frontera, una de las organizaciones de migrantes que participaron en la Caravana por la Paz en Estados Unidos, también reflexionó en Baltimore sobre lo conseguido con este periplo. El activista utilizó estrellas de mar cuando habló al respecto en un parque de la ciudad. Pidió imaginar a un niño que devuelve al océano algunas estrellas de mar que quedan a la orilla de una playa. Luego recreó un diálogo:

—¿Qué haces?— le dice al niño su papá.

—Lanzo estrellitas de mar.

—¿Para qué? Mira: ¡son miles! Nunca vas a acabar. Unas cuantas no hacen la diferencia.

—Mira esta estrellita de mar, papá. Mírala bien, para esta yo ya hice la diferencia.

"Eso está haciendo esta Caravana. Una pequeña diferencia", concluyó Morones.

En seguida del activista mexicoamericano tomó la palabra Stephen Downing, ex jefe de la policía de Los Ángeles, quien pertenece a Agentes de la Ley en Contra de la Prohibición (LEAP, por sus siglas en inglés), otra de las organizaciones aliadas del Movimiento por la Paz.

Downing comenzó diciendo que también hablaría de

estrellitas de mar. El policía retirado dijo que cuando combatía el narcotráfico en California, pensaba que este era una víbora que no se dejaba atrapar. "Pero después supe que esa víbora no existe. Más que una víbora, las organizaciones eran más parecidas a esas estrellitas de mar de las que se habló de mí. Cuando cortas una, salen cuatro, luego de esas cuatro salen diez, y se van multiplicando. ¿Cómo matar estrellitas de mar? Sólo hay una forma: quitarle su alimento. Dejarlas en la playa. Se mueren de hambre y desaparecen. Eso hay que hacer con estos grupos del narco, hay que quitarles la ganancia económica."

El ex agente antinarcóticos cerró con otra analogía, pero inspirada en John Willard Marriott, dueño de la cadena de hoteles Marriott. "Una vez le preguntaron: 'Señor Marriott, ¿qué mensaje daría usted a los huéspedes de sus hoteles?', lo único que él respondió fue: 'Hay que poner la cortina dentro de la regadera'. Nosotros queremos decir un mensaje similar: 'Señor Obama, sólo ponga la cortina dentro de regadera: regule el mercado de las drogas y acabe con esta guerra sangrienta'."

***

A la iglesia de Saint John, donde las víctimas de la guerra del narco durmieron antes de salir por la mañana rumbo a la capital de Estados Unidos, llegó de sorpresa y por la noche Emilio Álvarez Icaza. El defensor de derechos humanos que participó en la creación del Movimiento por la Paz se reunió en privado con los viajeros y los alentó: "Hay que dar el último jalón: ¿cuándo se iban a imaginar ustedes que recorrerían lo que han recorrido y que estarían llegando a la capital de Estados Unidos con un mensaje de paz? Seguramente nunca, pero lo están haciendo. Y mañana llegarán a Washington".

Álvarez Icaza explicó que no pudo acompañarlos en otros tramos del recorrido, ya que estaba arreglando una mudanza a Washington, su nuevo lugar de residencia. También les explicó que no podría acompañarlos en la mayor parte de los últimos eventos de la cruzada estadounidense, debido a que tenía que viajar a San José, Costa Rica, para cumplir con asuntos de su nuevo cargo: el de secretario de la Comisión Interamericana de Derechos Humanos.

Luego, una buena parte de los miembros de la Caravana por la Paz en Estados Unidos posaron para una foto grupal alrededor de Álvarez Icaza. En la foto no salió Javier Sicilia.

***

En el auditorio del Colegio Sojourner Douglass, después de hablar de su hijo asesinado, Javier Sicilia explicó la razón por la cual había hecho este viaje por Estados Unidos: "Si hemos venido hasta aquí y hemos recorrido en nuestro país y en este país, miles de kilómetros, miles de millas, es para decirles que hay que parar la guerra contra las drogas. Si lo quieren oír, no importa; si lo quieren ver, no importa; si quieren seguir envileciéndose y envileciendo a la humanidad, no importa. Nosotros decimos que no. Nosotros estamos de pie y con la conciencia en paz y el día que sucedan más tragedias, podremos decirles a la cara: 'Se los dijimos, imbéciles. Han decidido estar arrodillados ante la mierda, ante los capitales de la destrucción, y nosotros no hemos tomado ese camino'. Venimos a decirles: 'El camino es la paz, el camino es el ciudadano, el camino es la vida humana, el camino es la proporción'."

27. TODOS LOS CAMINOS LLEVAN A WASHINGTON
WASHINGTON, D.C.

El fin de semana que Emilio Álvarez Icaza y su familia llegaron a su nueva casa en Arlington, Virginia, un pueblo separado de Washington por el río Potomak, sus vecinos tocaron a la puerta para presentarse y decirles que estaban ahí por si necesitaban algo. "Cuando uno tiene un problema en casa, también es así: va con el de a lado y le pide ayuda. '¿Oye, tú tienes luz?' Eso es esta Caravana. Un abrazo no a nivel de gobiernos y poder, sino entre víctimas de México y Estados Unidos", explica uno de los principales impulsores del Movimiento por la Paz, cuya Caravana por Estados Unidos arribó ayer a Washington, su destino final.

Álvarez Icaza llegó aquí antes que las víctimas de la guerra del narco en México, ya que a mediados de agosto asumió el cargo de secretario de la Comisión Interamericana de Derechos Humanos. Sin embargo, el defensor de derechos humanos ocupó apenas hace cinco días su oficina en el quinto piso del edificio de la Organización de Estados Americanos. De tal suerte que el recepcionista boliviano de la sede duda antes de recordar el nombre de Álvarez Icaza. La que lo sabe muy bien es su secretaria, una mujer de cincuenta años que ha pasado más tiempo en la capital de Estados Unidos que en su natal Lima. Álvarez Icaza era uno de los quejosos latinoamericanos recurrentes de estas oficinas, en las que ahora el activista mexicano ha colocado ya incluso algunos de sus gustos personales: un cuadro de Monseñor Romero, una foto casual con su familia, un mapa mundi con la proyección de Peter y un mensaje de su hija que dice: "Te amamos papirri". Sobre el escritorio está el libro que lee actualmente, *El hombre que amaba los perros*, una biografía de Trostki escrita por Leonardo Padura.

La secretaria peruana de Álvarez Icaza platica que hasta esta oficina llegan cada día un promedio diario de mil quinientas solicitudes para que la Comisión interceda ante conflictos esparcidos a lo largo del continente; mil llegan vía electrónica, trescientas vía postal y doscientas a través del fax. Los países de procedencia son muy variados, "aunque a veces hay oleadas de ciertos países, por ejemplo, antes fue Honduras y últimamente nos llegan muchos de México", aclara la empleada.

Y el tipo de casos también es muy cambiante. Por ejemplo, el primer caso en el que se involucró Álvarez Icaza tiene que ver con un debate sobre la inseminación artificial en Costa Rica. Por eso saldrá al mediodía rumbo a San José y no acudirá por la tarde al evento que encabezará Javier Sicilia en la sede de la principal organización sindical de Estados Unidos: la Federación Americana de Sindicatos y Congreso de Organizaciones Industriales (AFL-CIO, por sus siglas en inglés).

* * *

Al evento de la tarde en la sede de la AFL-CIO no vino Álvarez Icaza, pero hubo apariciones sorpresivas, como la del cantante Laureano Brizuela. El rockero argentino-mexicano no se extravió ni tampoco decidió entrar a ver los enormes murales de azulejo veneciano que están dentro del lugar. Está aquí porque supo del acto y quiso acercarse a conocer a Javier Sicilia. Brizuela viene a Washington cada cinco meses para darle seguimiento a la queja que interpuso en la Comisión Interamericana de Derechos Humanos en contra del ex presidente Carlos Salinas de Gortari –la P10-80000– por la persecución judicial que recibió en los noventa por supuesta evasión fiscal.

Cuando se le pregunta si se solidariza con Sicilia dice: "A mí me golpearon en México. ¿Cómo no me voy a solidarizar con un hombre que anda solo y lucha después de que lo golpearon, y que ha traído a tanta gente, también golpeada, hasta acá?" Después, el cantante, vestido completamente de negro, se toma fotos con algunas de las víctimas de la guerra del narco que lo han reconocido. A algunas les recomienda que lean su libro, *Infamia del poder en México*, de Grijalbo, para que sepan más de su caso. Todo esto sucede en el lobby del edificio sindical.

En el salón principal de este sitio habla Elizabeth Schuler la tesorera de una organización con diez millones de agremiados, que además es considerada el brazo electoral del Partido Demócrata. Su discurso es bien recibido hasta que menciona el caso de Napoleón Gómez Urrutia, el líder que dirige el sindicato minero desde Canadá. Caras largas y extrañadas de los miembros del Movimiento por la Paz por la mención que no viene al caso.

Otro que también está por aquí es Lázaro Cárdenas Batel, el ex gobernador de Michoacán, quien se vino a vivir a Washington hace cuatro años, primero trabajando en el centro Woodrow Wilson y luego en WOLA, una organización que hace *lobby* en la capital de Estados Unidos para asuntos de América Latina. Hasta acá en Washington fue donde finalmente lo pudo ver a los ojos María Herrera, la mujer de Pajacuarán, Michoacán, a la que le desaparecieron cuatro de sus hijos y que es una de las cuarenta víctimas que ha cruzado Estados Unidos de costa a costa.

***

A tres calles del edificio de la AFL-CIO, pasando el parque Lafayette, en el 1600 de la avenida Pennsylvania, está la Casa Blanca. Hacia allá se dirigió después el grupo de víctimas y activistas de la Caravana por la Paz para protestar. Mientras la marcha avanzaba, un corresponsal mexicano que lleva unos veinte años en Washington, explicaba que le costaba trabajo ver cómo un enorme acontecimiento que un grupo de víctimas de la guerra del narco en México hubieran cruzado la frontera, recorrido Estados Unidos y llegado hasta aquí, ya que para él las marchas eran parte del paisaje diario de la zona: Judíos manifestándose, coreanos manifestándose, hindúes manifestándose...

De todo este paisaje, una anciana española rompe el récord de permanencia. Ella vive desde hace más dos décadas enfrente de la principal sede del poder estadounidense en una tienda de campaña donde se ven mensajes en contra de instalaciones nucleares.

—¿Contra qué protesta? — se le pregunta al corresponsal.

—Contra todo —contesta.

Otro de los manifestantes habituales de la avenida Pennsylvania es un afroamericano que se sienta en su bicicleta para protestar en contra de los matrimonios homosexuales que impulsó el gobierno de Barack Obama.

Entre los participantes de la Caravana por la Paz está la investigadora Laura Carlsen, nacida en Oregon, quien recuerda que la primera vez que protestó aquí fue en los ochenta, en contra del *apartheid* en Sudáfrica. Curiosamente, hay dos turistas sudafricanos, Amahanadra y Wellington, tomándose fotos con la manifestación mexicana y la Casa Blanca de fondo.

Cuando la marcha llegó justo frente al enrejado de la sede presidencial, el experimentado corresponsal mexicano recordó que el Dalai Lama también marchó por aquí.

***

Después de la breve escala frente a la Casa Blanca, la marcha avanza unos doscientos metros más hasta llegar a la Plaza de la Libertad, donde antes de iniciar el mitin, se reparten pupusas salvadoreñas a los hambrientos viajeros de la Caravana por la Paz.

Cuando comienza el evento, algunos periodistas estadounidenses aprovechan para escoger a una víctima de la guerra del narco para entrevistarla e ignorar los discursos políticos que se hacen. Parafraseando a Stalin: la muerte de una persona es una tragedia y setenta mil muertos son una estadística.

Hace una tarde hermosa en Washington: viento fresco y un tenue desvanecimiento del sol. Howard Wooldridge, un ex agente de la policía de Michigan que apoya al Movimiento por la Paz, recuerda en un rincón del lugar la vez que viajó de Los Ángeles a Washington acompañado solamente por su caballo Mystic. Aquella odisea para impulsar la despenalización de la mariguana duró siete meses. Wooldridge montó a Mystic hasta Nueva

York y luego de Nueva York a Washington se lo trajo en un remolque. No lo pudo pasear por aquí, ya que esta es la única zona pública de Estados Unidos donde están prohibidos los caballos, dice el ex policía.

En otro rincón de la Plaza de la Libertad, algunas víctimas de la guerra del narco en México consuelan con abrazos y palabras a María Guadalupe Aguilar, madre de un joven desaparecido de Guadalajara, quien unos minutos antes, cuando la marcha paró brevemente, como tantas otras marchas, frente a la Casa Blanca, empezó a llorar y luego gritó: "¿Por qué tenemos que venir hasta aquí para exigir la justicia que no nos dan en México?"

28. La diplomacia del desamparo
Washington, D.C.

Javier Sicilia visitó por la tarde al congresista John Lewis. Cuando empezaba el encuentro entre el poeta y el histórico líder quien fue compañero de Martin Luther King en la lucha por los derechos civiles, la artista Laura Valencia recibió una llamada de Ricardo del Conde, uno de los cineastas que documentan las acciones del Movimiento por la Paz bajo el nombre del colectivo EmergenciaMx. Del Conde avisaba que estaba detenido abajo en el vestíbulo de la sede legislativa. El joven cineasta cargaba un bloque de cemento donde fueron depositados parte de los restos de dos armas destruidas por la Caravana por la Paz durante su paso por Texas. Ese nicho estaba destinado a serle entregado al congresista Lewis como un símbolo de esperanza, cuando veinte policías encabezados por el agente especial Andrew Pecher, de la División de Inteligencia, rodearon a Del Conde, al detectar con rayos gama un cargador dentro del pequeño bulto.

—¿Dime quién es el líder de tu organización?— le preguntó Pecher a Del Conde.

—Es Javier Sicilia y está ahora con el congresista John Lewis— contestó el cineasta, quien usa pelo y barba larga y más de una vez ha sido confundido con árabe.

En ese momento, la reunión entre Sicilia y Lewis tuvo que terminar de forma abrupta. El poeta debió bajar al vestíbulo a ver lo que pasaba.

—Estoy con dos miembros de su organización que dicen que traen una pieza de arte compuesta por pedazos de un AK-47 y de una magnum— preguntó el agente Pecher a Sicilia.

—Sí. Así es.

—¿Usted está en condiciones de decirme que esas piezas no pueden ser reensambladas aquí dentro para un arma?

—Sí.

—¿También puede afirmar que están destruidas?

—Sí.

—Gracias.

A un lado otro agente con un mazo se llevaba el bloque de cemento a otra área del lugar. Del Conde preguntó al agente Pecher por qué se quedaba con el nicho que para el Movimiento por la Paz era tan representativo. "Nosotros venimos a entregar un símbolo en el nombre de la paz, para poder sensibilizarlos de lo que venimos haciendo con una Caravana, y ustedes lo destruyen. No es posible", alegó.

El asalto diplomático de los pacíficos mexicanos a la capital del país más poderoso del mundo, ocurrió mientras había un alto nivel de alerta. La causa era el décimo primer aniversario del ataque a las Torres Gemelas, aquel que dejó, por un momento, en la zozobra y el desamparo al pueblo estadounidense.

✳✳✳

En 2011, los analistas Sergio Aguayo y Miguel Ángel Granados Chapa estaban esperando a que iniciara una de las primeras marchas del Movimiento por la Paz en la Ciudad de México, cuando los abordó el activista Daniel Gershenson porque quería presentarlos con Javier Sicilia. En ese momento, el poeta los invitó a acompañarlo al frente de la manifestación que llegaría hasta el Zócalo. Granados Chapa no pudo hacerlo debido a su deteriorado estado de salud, pero Aguayo marchó con Sicilia hasta el lugar del mitin. En el templete, Aguayo quedó junto a la madre de una jovencita que había sido secuestrada, torturada y asesinada. Mientras charlaban, el escritor se dio cuenta de que la víctima vivía a tres calles de su casa. Se trataba de una vecina que había sufrido una tragedia que el analista ignoraba por completo. Eso le impactó tanto que luego colocó una foto de la hija de aquella señora en la pared de su casa, entre los demás retratos familiares, para no olvidarse de los horrores de la guerra.

El analista, que a partir de entonces se integró al Movimiento de víctimas de la guerra del narco que lidera Sicilia, acompañó a la Caravana por la Paz en sus días finales en este centro de poder. Por la mañana, en el Woodroow Wilson Center, ante un público conformado por miembros de la élite local de funcionarios, académicos y cabilderos, Aguayo habló de una tragedia humanitaria ocurriendo en México y pidió que la comunidad de Washington reaccionara como lo había hecho en los ochenta ante las guerras centroamericanas.

"Estados Unidos es veleidoso. Ayuda cuando le conviene. Claro que hablo de las élites, no de la sociedad. La sociedad sí es solidaria. A esa sociedad le decimos: 'Ayúdenos a apagar el fuego, antes de que los incendie a ustedes'", dijo Aguayo.

Después hablaron Araceli Rodríguez y María Herrera, quienes contaron a detalle el sufrimiento por el cual cruzaron a Estados Unidos. Rodríguez relató que un cártel de Michoacán le mató a su hijo, un policía federal cuyos restos fueron pulverizados y no quedó rastro alguno en los campos de aguacate del cerro donde fue asesinado; y María Herrera empezó su historia diciendo que tenía cuatro hijos desaparecidos.

El auditorio del Wilson Center sintió algo de piedad en ese momento. En cada hilera por lo menos uno de los asistentes estaba llorando. Los organizadores de la Caravana por la Paz sabían que tenían que venir aquí porque los centros políticos como Washington son en donde se gestiona el futuro; Cuernavaca, Pajacuarán y Ciudad Neza, de donde venían Sicilia, Herrera y Rodríguez, respectivamente, quedan donde empieza el pasado. "Multipliquen estos rostros que ven por setenta mil y verán el horror de esta guerra en México", dijo Sicilia antes de salir de prisa rumbo al edificio Harry S. Truman. Ahí, en el sexto piso de la sede del Departamento de Estado, se reunieron con María Otero, subsecretaria de Estado para Democracia y Asuntos Globales de Estados Unidos. En una sala de juntas para doce personas, Otero se comprometió a revisar las propuestas del Movimiento por la Paz para cambiar la política antidrogas actual. La antigua compañera de estudios de Sergio Aguayo fue la funcionaria de más alto rango que recibió a Sicilia en Washington.

La gira continuó en la Embajada de México, donde el titular Arturo Sarukhan recibió otro de los nichos con trozos del AK-47 y la pistola Magnum que destruyeron las víctimas durante su paso por Texas. Sicilia le dio además un DVD de EmergenciaMx, en el cual se documentaba la historia de la destrucción y posterior transformación.

Ante el Embajador Sarukhan, Sicilia hizo una breve relatoría de la Caravana por la Paz en Estados Unidos.

–Dejamos trabajos, dejamos familia, para hacer una diplomacia ciudadana, porque el Estado mexicano no nos soluciona nada– se limitó a decirle Sicilia al funcionario.

—Con tres mil kilómetros de frontera compartida y treinta y cinco millones de mexicanos viviendo aquí, qué bueno que existe esta diplomacia pública —respondió Sarukhan.

Después de la visita a la Embajada, Sicilia organizó en la iglesia luterana de la Renovación una conferencia con la prensa de Washington en la cual estaba contemplado que estuviera presente Gael García Bernal, quien finalmente no pudo llegar porque se quedó sin boleto de avión para viajar de Toronto hacia acá. El protagonismo destinado para el actor internacional lo asumió Belén Ascensión, cuyo hermano fue desaparecido en Tamaulipas. La integrante de la Caravana por la Paz dio su discurso en inglés y se preguntó cuál era el concepto de paz para quienes tienen el poder.

"Si es que ellos tienen un concepto de paz, me gustaría saberlo, para que pudiera explicárselo a esas setenta mil madres que están llorando por sus seres queridos. Especialmente explicárselo a la mía, porque esto está consumiendo sus días y sus noches. Quizá los que están en el poder asumen que nos vamos a matar entre unos y otros y que dejaremos de reclamar. Pero como siempre ha sucedido la paz renacerá. Los hombres grandes se levantarán de nuevo. Para eso estamos aquí. No queremos su dolor y no queremos su lástima. No queremos que estén tristes por nosotros. Queremos que hagan algo ahora… Nosotros nos iremos y ustedes nos estarán viendo desde este lado. Espero que algún día nos ayuden porque ustedes quieren, y no porque tengan que ser forzados finalmente a hacerlo."

La diplomacia del desamparo, en pleno aniversario del 11 de septiembre, continuó trabajando el resto de la tarde. Eran las últimas horas de la Caravana.

29. El arca de Javier
Washington, D.C.

Javier Sicilia da por terminada la Caravana de las víctimas mexicanas de la guerra del narco por territorio estadounidense. Lo hace con un discurso frente a una estatua de Juana de Arco y dándole la espalda a un campo de césped donde unos chicos juegan futbol mientras anochece. Thomas Merton, el monje estadounidense que el líder del Movimiento por la Paz cita al inicio de su discurso, es un poeta que se preguntó "¿Cómo puede un hombre aguardar/ o escuchar a las cosas quemándose?/ ¿Cómo puede atreverse a sentarse con ellas/ cuando todo su silencio está en llamas?"

Porque ese mundo está en llamas a causa de la guerra contra las drogas, parafrasea después Sicilia a Merton, hay que guardar un minuto de silencio. Y los integrantes del Movimiento por la Paz guardan un minuto de silencio. Esta es la ocasión número cincuenta y seis en este viaje en dos autobuses que al final del recorrido marcaban en sus tableros once mil ciento cinco kilómetros recorridos. Una embarcación en la cual prácticamente

vivieron padres, madres, hermanos e hijos de torturados, secuestrados, desaparecidos, asesinados y masacrados. Ellos, apenas un puñado de las miles de víctimas
de ese país que colinda con Estados Unidos al sur. Ese
México sufriente que pasó por aquí y guardó minutos de
silencio, pero que también gritó y explicó a sus vecinos
la tragedia humanitaria que está ocurriéndole.

Y Javier Sicilia está ahora aquí en este parque perdido de la capital de Estados Unidos para reiterar a la sociedad estadounidense el mensaje de su arca adolorida:
"Caminemos juntos hacia la roca sólida de la herman-
dad. Nosotros, a pesar del dolor que esta guerra nos ha
infringido, no hemos hecho de nuestro sufrimiento un
motivo para el odio y la derrota. Lo hemos transfor-
mado en amor y en una larga búsqueda de paz. Pero si
ustedes no toman nuestro camino y pasan por alto la ur-
gencia de este momento diciendo que esto no es asunto
suyo, nos habrán dejado muy solos y un día también ese
sufrimiento terminará por alcanzarlos".

"Sueño con que mi hija y mi nieto puedan volver algún día a México y saber que nadie los asesinará como
un día asesinaron a mi hijo. Soñamos que un día los
Estados Unidos Mexicanos, cuyo presidente instaló
servilmente esta guerra contra las drogas y no ha dejado de escupir frases de desprecio contra las víctimas, se
convierta con el nuevo presidente en un sitio donde las
víctimas encuentren justicia."

Antes de venir acá, por la mañana, después de desa-

yunar con sus compañeros de viaje, les ha contado que
está cansado, que se retirará por algún tiempo del Movimiento por la Paz, que tomará vacaciones, que no quiere
ser un cacique, que tiene que haber más dirigentes, que
está cansado. Sus palabras no sorprendieron demasiado a su equipo cercano, porque después de la primera
Caravana por el sur de México dijo lo mismo, y luego
Sicilia encabezó la Caravana del Norte; y al término de
la Caravana del Norte, Sicilia también anunció que se
retiraría, pero luego sucedió esta Caravana por Estados
Unidos.

Por lo pronto, el poeta viajará a la vecina ciudad de
Baltimore en coche (el aeropuerto de Washington no alcanza para el presupuesto del Movimiento). Ahí tomará
un avión rumbo al Distrito Federal. Luego a Cuernavaca. Y tiempo después volará para encontrarse con su
hija y su nieto en el pueblo de Saint Antoine, Francia,
a los pies del Vercors, en una de las comunidades de El
Arca, una comunidad utopista fundada por un discípulo
de Gandhi llamado Lanza del Vasto, el apóstol de la no
violencia. En aquella Arca a la que se irá, no existe ni
electricidad ni teléfono, radio o televisión. Sus miembros visten de blanco diariamente y hacen votos de obe-
diencia y de pobreza. "Necesito volver a mi proporción",
ha dicho Sicilia.

Pero antes de ese otro viaje, Sicilia concluye su discurso de despedida en Washington retomando los in-
cendios advertidos por el monje Merton. Y reitera: "Por

eso hoy es que nos hemos levantado, porque no soporta-
mos ver que el mundo entero se incendia. Pedimos que
repiquen la paz y la libertad desde la blancura de
Washington, que repiquen la paz y la libertad desde todos los barrios pobres de Estados Unidos, que repiquen
la paz y la libertad desde los desiertos de Ciudad Juárez
y de Tamaulipas, que repiquen la libertad y la paz desde
las cañadas y los pueblos de Morelos, que repiquen la
paz y la libertad en las montañas de Chiapas y en los
pueblos indios, que repiquen la paz y la libertad en cada ciudad de Colombia, de Centroamérica y de Brasil.
Cuando esta paz y esta libertad, que hemos traído con
nosotros, repiquen en cada pueblo, en cada barrio, en
cada ciudad, habremos entonces reencontrado el camino
que esta guerra absurda y criminal nos ha hecho perder.
Con esa esperanza volvemos a México".

30. EL EFECTO DEL BILLAR O UN ACTO DE AMOR
WASHINGTON, D.C.

Antes de asumir la secretaría de la Comisión Interamericana de Derechos Humanos, Emilio Álvarez Icaza fue uno de los principales impulsores del Movimiento por la Paz, así como también de la Caravana por Estados Unidos. Al final del recorrido, entrevistado en su flamante oficina en Washington, reflexiona sobre los significados del esfuerzo hecho por el grupo de víctimas liderados por el poeta Javier Sicilia.

–*¿Cómo empezó la idea de la Caravana por Estados Unidos?*

–Surge de tres procesos. El primero tiene que ver con la discusión que se tiene al interior del Movimiento sobre las causas estructurales de la violencia en México. Una parte de la violencia se explica por lo que sucede en Estados Unidos: la industria de las armas, el trasiego a México y el armamento de las bandas.

Una segunda, también viene de Estados Unidos y tiene que ver con la política antidrogas que se ha entendido en los últimos cuarenta años. Esta idea de luchar contra las drogas mediante la fuerza, cuando muchos lugares, incluidos algunos de Estados Unidos, lo entienden como una política de salud. México, a través de su gobierno, ha generado una política de cooperación centrada en este aspecto represivo. Cuando los diálogos del Movimiento por la Paz se agotan con el gobierno de México, es cuando se toma la decisión de acudir a la comisión Interamericana, y se dan una serie de visitas de Javier a Washington y a otras ciudades. A partir de ese momento se toma la decisión de acudir a foros internacionales para sacar la discusión de México, para incidir en México. Es un poco el efecto del billar: pegas en la banda para pegar con más fuerza adentro, que es una práctica muy usual en el movimiento de derechos humanos a nivel internacional. Aceleras la discusión interna, apelando a todos los factores externos.

En el caso particular de México, uno de los foros internacionales más importantes es Estados Unidos. Por la relación económica, por la relación cultural y por la presencia de mexicanos acá. Inclusive hasta estas relaciones, no sólo por el tráfico de las drogas, sino por el tráfico de personas y el tráfico de armas. Eso lleva a que Javier Sicilia, en un viaje de hace casi un año, esboce la idea de hacer un viaje por Estados Unidos. En una alianza con víctimas de acá y organizaciones de acá. Lo que llevó a diseñar como uno de los mecanismos de relación de sociedad civil y dejar un mecanismo de pedagogía de la paz, a través de la sensibilización con testimonios de víctimas, partiendo de la experiencia que ya había tenido el Movimiento con las Caravanas anteriores.

–*Fuiste a Baltimore y le dijiste a los miembros de la Caravana que ya había una unión de organizaciones de abajo. ¿Crees que esta Caravana pueda convertirse en un movimiento binacional?*

–Lo que es muy claro es que la Caravana, como caravana, cierra en Washington como actividad. Pero abre un proceso de relación y articulación de organizaciones de base, de comunidades, de agendas locales, pero también de agendas federales en Estados Unidos, y también abre una posibilidad de un intercambio no sólo bilateral, entre México y Estados Unidos, sino regional, porque el fenómeno de la migración no se puede entender sólo entre México y Estados Unidos. El drama que están viviendo los centroamericanos en México es una vergüenza mundial. Es un dolor indescriptible. Es un pendiente de México. Y la agenda de la migración puesta sobre la mesa hace que el tema sea regional, de manera que este encuentro con comunidades y con organizaciones, incluso hasta con organizaciones de segundo piso. Que no son organizaciones de base, sino que hacen trabajo de cabildeo, trabajan con representantes, o con congresistas, es un horizonte que permita una relación de sociedad civil muy valiosa. La verdad es que yo no tengo registro de una experiencia de esta naturaleza.

–*¿Por qué no había este diálogo entre* ONGs *mexicanas y norteamericanas?*

–Tenía sus propios carriles, no es que no lo hubiera. Lo increíble, lo impertinente de la Caravana es que es un diálogo multisectorial, multirracial, multicultural. La gente del tema de las drogas, la gente del tema de la seguridad, las asociaciones de policías, las asociaciones afros, los grupos de derechos humanos, los grupos de iglesia, confluyen de manera que se hace una matriz de relaciones que no existían. Lo nuevo que pone la Caravana es que la iniciativa surge de México y llega a Estados Unidos para construir un espacio que no tiene precedente. Es también muy interesante que la iniciativa venga de México y no de Estados Unidos.

–*¿Pero no es un nivel de organización muy complejo?*

–Sí, es el más complejo que puede haber.

–*Tú no estás ahora de lleno en el Movimiento, ¿cómo se va a dar ahora este proceso?*

–Esto ha dado la dimensión de que el Movimiento es muchísimo más fuerte de lo que se cree. Y el logro de haber obtenido esta Caravana, estas reuniones, estas articulaciones, estas recepciones donde la gente recibe, da comida, da hospedaje, pone en evidencia que yo sólo fui, para hablarlo en los términos correctos, una parte. El Movimiento es mucho más grande y afortunadamente pone en evidencia que hay más gente que entrega su corazón y su tiempo; los que vinieron a Estados Unidos vinieron con su propio dinero, o consiguieron donación de Estados Unidos, con mucho esfuerzo. Si cada quien tuviera que pagar, serían cientos de miles de dólares, pero eso se logra con solidaridad, con entrega y con trabajo voluntario. Por ejemplo, los intérpretes, los comunicadores, las propias víctimas que vinieron en condiciones de mucha precariedad, pagan su viaje. Y eso porque alguien está haciendo en México la gestión. Tuvimos que conseguir donaciones para poder pagar el viaje a Estados Unidos. Volar de México a Tijuana. Cruzar Estados Unidos, que llevó un mes. Luego volar de Washington a México. Todo esto es producto de la solidaridad, del esfuerzo y del altruismo. La gente dice: "¿Y cómo alguien puede aguantar?" Se puede aguantar porque no es una lógica de mercado. Se puede aguantar porque es una lógica de solidaridad. Sólo de esa manera se puede aguantar. Si se piensa en agencias de viajes, si se piensa en grandes hoteles, no da. La gente duerme en bolsas de dormir, en colchones, en camas inflables, en el piso y donde se puede. Es una agenda de solidaridad y eso es lo que hay que entender. Sólo eso la hace posible.

—*¿Podrías platicar de cómo conociste a Javier?*

—Yo conocí a Javier hace muchos años a través de su obra. Dirigía una revista que se llamaba *Ixtus*, la cual era un espejo de una revista que yo dirigía y que se llamaba *Cencos Iglesias*. Venimos de expresiones eclesiales muy similares, expresiones progresistas, muy cercanas a la Teología de la Liberación, ambos somos laicos. Él es mayor que yo casi diez años. No éramos de la misma generación, pero teníamos referencias comunes muy cercanas: amigos, procesos… El hecho que nos encuentra físicamente es la muerte de su hijo. Yo voy a Cuernavaca a acompañar, a solidarizarme y a sumarme a la exigencia y a partir de entonces se da un encuentro personal y político muy profundo, no sólo con Javier, sino con todo el Movimiento. Un proceso de construcción de un acto social que, increíblemente en México –dadas las magnitudes de la lesión del dolor no se había constituido–, era un movimiento de víctimas enorme. Hubo expresiones y marchas y exigencias. No quiere decir que la historia comience con el Movimiento, pero es distinto el perfil. Aquí no hay víctimas VIP, aquí es gente pobre. Que esa es otra cosa impresionante de la Caravana. La gente que llega es esencialmente gente de bajos recursos que nunca en su vida iba a tener la condición de ser escuchada. La gente que está es, pues, así dicho, gente muy pobre. Es gente campesina, es gente indígena. Son obreros. Son gente de las zonas más marginadas que el sistema ha despreciado sistemáticamente. No existen. Son invisibles. Y por eso es tan importante su presencia, su voz, su grito ético de existencia y de apelar. Es poderosísimo. Y por eso fue tan bonito el proceso de creación del Movimiento. Tiene un contenido ético tan fuerte y en medio de eso fue donde nos encontramos Javier y yo. Yo he venido haciendo de los derechos humanos la causa de mi vida, entonces me encuentro en un contexto donde soy un consultor independiente, soy comunicador, soy profesor, entonces tengo por mi experiencia personal y profesional, el poner mi voluntad para sumar. Y le dije a Javier: "Voy a estar con ustedes". A mí me pareció una causa muy importante en un momento muy necesario. Se convirtió durante más de un año en mi principal actividad. Literalmente yo tenía que conseguir cómo vivir, pero además militar en el movimiento. Me decían: "¿Y cómo te mantiene el Movimiento?" No, pues es al revés. Al Movimiento yo lo mantengo. El Movimiento a mí me costaba, como a todos los demás. Todos nosotros mantuvimos al Movimiento en su momento, o dimos al Movimiento, pero a la vez hay que sobrevivir. Entonces uno da clases, da conferencias, o hace videos, lo que sea, pero el Movimiento fue un espacio de militancia ciudadana y con Javier nos encontramos ese ánimo. Mi experiencia en términos de gestión pública, de conocimiento de algunos estratos de la clase política mexicana, me permitió ayudar a tender puentes. Ese ha sido mucho mi perfil. Soy una persona que desde la lucha de los derechos humanos ayuda a tender puentes. Creo profundamente en el diálogo.

El Movimiento es muy diverso. Requiere un gran ejercicio de seguimiento, de escucha, de tolerancia. La gente que está en el Movimiento es de tradiciones muy diversas, de orígenes muy diversos, es gente que muchas veces está unida como familia por el dolor. Y eso requiere mucho respeto, mucha paciencia, mucha tolerancia. Por eso hubo que construir un espacio de diálogo y escucha para construir una identidad propia sin sucumbir a la tentación de otras agendas políticas que veían un Movimiento muy apetitoso, en un momento muy preciso que era el electoral. Entonces, construir esa propia identidad, ese propio sentido, fue parte de un proceso. Javier y yo pudimos tener un espacio de confianza y encuentro, pero más allá de Javier y yo, con las víctimas yo aprendí muchísimo del Movimiento. Sufrí muchísimo. Nunca he llorado tanto como con el Movimiento. Las Caravanas a mí me transformaron de por vida. *[Empieza a llorar]*

–*Y el movimiento, más allá del liderazgo de Javier, ¿tiene otros rostros que puedan encabezarlo? Porque pareciera que se carga demasiado sobre los hombros de Javier.*

–El debate mediático es el debate mediático y es inevitable. Las figuras son las figuras y la agenda las busca. La figura de Javier, más allá de Javier Sicilia, es una figura emblemática. Y le cuesta trabajo a los medios, le cuesta trabajo a la opinión pública ubicar otros liderazgos. El Movimiento tiene muchos más liderazgos que Javier, pero la figura de Javier es emblemática. Javier, como él mismo lo ha dicho, es un poeta y es la voz de la tribu, pero el Movimiento no funciona sin un trabajo extraordinario de gente, el cual se integra en comisiones y el cual se hace en las regiones, que está con las víctimas, que está haciendo videos o que está hablando con las comisiones. El Movimiento se mantiene porque hay una estructura de gente que quiere un mundo diferente, que quiere justicia, que construye esperanza y que ve en el Movimiento la materialización para cambiar las cosas y que no acepta la resignación como norma de vida. La enseñanza más importante son las víctimas que dejaron de estar llorando en su casa para salir a reclamar justicia y para que a otros no les pase lo que ellos han vivido. La transformación de gente destruida por el dolor a gente que exige derechos, es un proceso de construcción de mucha fuerza. En los testimonios de la gente que viene en la Caravana, cuando los conocimos, carcomidos por el abandono, la indiferencia y el dolor. Haberlos empoderado, hablando con los estadounidenses (aunque lo hagan con traductores) es un proceso de empoderamiento, de construcción de ciudadanía, de construcción de democracia, muy poderoso, que va más allá de un boletín, que va más allá de una entrevista, es un proceso que va profundo, al imaginario de la gente, que ve liderazgos nuevos. Una Araceli, una doña María, un Melchor y dicen: "¿Este quién es?" Es una persona que tiene la capacidad de levantarse y decirle algo a Arpaio... Ese proceso es el de los liderazgos que están en el Movimiento, pero a veces los códigos del poder buscan al del *copyright*, al del club del poder. Y Javier lo que ha hecho, sistemáticamente, es rehuir de ese poder. Javier, en la lógica mexicana, es un apolítico. En la lógica mexicana, Javier hace antipolítica, porque Javier no quiere un puesto, no quiere presupuesto, no quiere un chayo, no quiere hueso, entonces, para la política mexicana es muy desconcertante.

Cuando yo me fui, porque yo era un hombre con una presencia pública, se hace esta pregunta de: "¿Y ahora qué va a hacer el Movimiento?" Pues más de lo que ha venido haciendo. Como quedó demostradísimo con la Caravana.

Pero la sensación de un sector de la opinión pública fue: "No, pues ahora Javier está solo." *[Risas]* ¿Cómo va a estar solo? Si tiene una Caravana como la que nadie ha hecho, que los dueños del *copyright* de la relación México- Estados Unidos estaban sorprendidos. ¿Cómo no nos pidieron permiso? Pues cómo les vamos a pedir permiso si es otro tipo de agenda que ellos nunca han movido.

−¿Quiénes son esos dueños del copyright?

−Pues los dueños del *Think Thank*. No me voy a meter en nombres, pero nomás hay que darle seguimiento a la prensa. Creen que la realidad no es más compleja que lo que sus artículos o análisis dicen. ¿Cómo se les ocurre hacer esto si no están graduados en Harvard? Si no han ido nunca a Yale, Stanford, o lo que tú quieras. Pero resulta que la realidad de los pueblos no pasa necesariamente por *establishment*. No pasa necesariamente por *lobby*. No pasa necesariamente por las grandes comidas. También los pueblos se pueden relacionar. Esa es la enseñanza de esta Caravana, para sorpresa de otros que creen que la relación es más compleja que un artículo en un periódico que salga en Estados Unidos y en México.

—*La Caravana ha sensibilizado ante el dolor, ha politiza-*
do a las víctimas, pero también continúa el dolor y el horror…
incluso hay caídos del Movimiento. Entiendo la profundidad
de la Caravana pero, ¿qué pasa en lo inmediato?

—En lo inmediato es construir medios para tratar de incidir en el entendimiento de los que toman las de decisiones en este país. Es un medio para mejorar la organización de la sociedad, de las víctimas y de la articulación de las agendas. Es un medio para generar un horizonte estratégico en términos del trabajo en México, en Estados Unidos y Centroamérica. La Caravana da la posibilidad de seguir construyendo la esperanza. Hay quienes creen que las cosas son mágicas y dicen: "No sirvió de nada". El pensamiento mágico y la generación espontánea son ideas que hace siglos dejaron de ser vigentes. Son procesos políticos muy complejos y lo que el Movimiento ha hecho es demostrar que se pueden hacer las cosas distintas y que se puede luchar contra lo que uno no quiere y merece, y no aceptar la resignación como norma de vida. Darle forma y entendimiento a la indignación. Lo que la Caravana mostró es una forma posible, pacífica, no violenta, de luchar contra una realidad que nos venden como aplastante, ineludible y la única. Es una forma de decirle no al pensamiento único. Es una forma de construir desde la gente, para la gente, otro tipo de realidad. Y que enfrenta intereses tan poderosos, o dinámicas tan perversas como las que enfrentan las familias que tienen a los suyos viajando aquí. Si venir a Washington es una buena forma para encontrar a su desaparecido en México, lo van a hacer, y si tienen que ir a China, van a ir a China, porque esa es la fuerza y el tamaño de su amor. Todo esto no se entiende sin el amor de las víctimas a sus familiares. Por eso están aquí. Eso es lo que los hace soportar las jornadas, las miserias, las privaciones. Esto, esencialmente, es un acto de amor extraordinario. Hay mucho amor. *[Vuelve a llorar]* Es gente de la que yo he aprendido mucho. Y me han dado una lección de vida extraordinaria: si los más adoloridos pueden salir a luchar, si las víctimas pueden tener aún esperanza, entonces México aún tiene esperanza. Yo le debo mucho a esta gente.

—*Ahora tú entras a una etapa nueva en la Comisión Interamericana de Derechos Humanos. En un cargo así viene la burocracia, cierta frialdad, ¿cómo vas a conectar toda esta experiencia que has tenido en el último año con tu nuevo cargo?*

—Hay víctimas en todo el mundo... El tema es no perder el objetivo. Y yo estoy aquí por las víctimas, de México, de Colombia... Acabo de tener una reunión con las víctimas de Colombia y son casos muy parecidos con los de México. Mi paso, como quiera, es transitorio. Como fue en la Comisión del D.F. y estando aquí trataré de que haya menos injusticias o más vigencia de los derechos humanos. Y a tender puentes. Si antes los tendía con el gobierno mexicano, ahora los tenderé con cualquier otro gobierno. En el ánimo de que funcionen mejor las cosas. El movimiento fue una extraordinaria lección y aprendizaje. Me dejaron muy lisito para lo que pasa en el continente.

Yo tengo que tomar distancia del Movimiento. Ya no puedo participar, pero como les dije en una reunión, si algo les falta es porque yo me lo llevé con el corazón.

—*Es paradójico que llegues aquí en este momento. Me decía la secretaria que recibe las quejas de todo el continente que cada año tiene sus oleadas de casos. Que hasta hace poco había una gran ola de Honduras, pero que ahora no paran de llegar denuncias de México. Vas a tratar con todos estos casos.*

—Es que el sistema en particular de lo que pasa en la Comisión, es un reflejo de lo que pasa en los países. ¿Qué pasa en Colombia?, ¿qué pasa en México?, ¿qué pasa en Brasil?, ¿qué pasa en Honduras? Es una cancha continental y de eso se trata. De la causa de los derechos humanos a nivel continental, con las limitaciones, pero en muchos momentos es la última trinchera para mucha gente. Eso es lo valioso de este espacio, que llega gente buscando lo que no ha encontrado en sus países. Habrá que construir con inteligencia, desde el derecho internacional que firmamos, que tiene sus reglas, que tiene sus procedimientos, pero es una forma más para construir justicia. Pero bueno, como todo, hay que entender que hay reglas, hay procesos, mecanismos operativos y administrativos son siempre los que son.

—*Acá te das cuenta del tamaño de la administración pública mexicana. Esta es una oficina de sesenta y cuatro personas para todo el continente. La Comisión Nacional de Derechos*

Humanos tiene más de diez veces el presupuesto que tiene la Comisión Interamericana. México gasta en comisiones de derechos humanos más de veinte veces lo que gasta la Comisión Interamericana. ¿Entonces que está fallando?

—Está fallando algo vital: que las instituciones mexicanas no han logrado ganarse la confianza de la gente y por eso siguen viniendo aquí. Las comisiones de derechos humanos, salvo honrosas excepciones, no están resolviendo, entonces la gente está viniendo a la Comisión Interamericana. La justicia mexicana está fallando, como en muchos otros países, entonces vienen acá.

—*Supongo que antes de ser secretario eras un usuario asiduo de la Comisión.*

—Yo venía como usuario. Vine con un caso que ya se está resolviendo. El de Jesús Ángel Gutiérrez Olvera. Un caso de la ciudad de México del que yo presenté recomendación. Yo traje ese caso aquí. Es un joven desaparecido por judiciales del Distrito Federal. Traje otro caso de un muchacho asesinado por la policía de la Ciudad de México. Traje varios casos y estuve en varias audiencias. Y antes de ser presidente de la Comisión de Derechos Humanos estuve en varias audiencias. Mandé varios informes, vine a cursos. Yo era un usuario incesante. No me imaginé que iba a estar en Washington, honestamente. Esa es una experiencia nueva en mi vida... Aunque estar en Washington es un decir, porque llevo más tiempo afuera que aquí. Estamos viajando mucho. Es un momento crítico para el sistema.

—¿*Y cómo te sientes?, ¿un microbio en la panza del imperio?*

—No. También hay muchos casos en Estados Unidos. El año pasado fue el cuarto estado con más denuncias. Que no haya firmado la petición no quiere decir que la Comisión no tenga competencia. Fue el segundo país con más medidas cautelares. La Comisión tiene un trabajo muy intenso en Estados Unidos, en protección de los derechos humanos. También se hizo una visita a Guantánamo; un informe sobre pena de muerte en Estados Unidos. Es parte del imaginario de distorsión del trabajo de la Comisión. La Comisión tiene un trabajo fuerte.

—¿*No tiene nada que ver con una estrategia política el alejarte como asesor fuerte y estratega del movimiento?*

—No puedo desempeñar ambas funciones. Inclusive no le conviene al Movimiento. Es una manera de apoyar al Movimiento, estando acá. La mejor manera de apoyar al Movimiento es tomando la distancia que se tenga que tomar, para que si llega algo aquí, en el momento en que llegue, no haya conflicto de intereses. Hay mucho afecto con temas tan vitales. Yo confío, por lo que he visto, que el Movimiento tendrá la capacidad de construir nuevos liderazgos, no sólo de presencia, sino en términos de desarrollo estratégico. Por lo menos, la Caravana ha sido una buena prueba para obligarse a eso. Y el resultado ha sido muy bueno. Llegaron a Washington, contra todo pronóstico. Nunca el Movimiento había enfrentado una tarea logística tan difícil.

—*Y, ¿ves esperanza?*

—Mucha. Que haya gente como la del Movimiento, platicando con la gente de Estados Unidos, platicando y construyendo causas, es un mensaje muy poderoso. Por eso insisto. Si esa gente, la más adolorida, la más ninguneada, sale de pie y levanta la paz, es un ejemplo extraordinario.

—*¿Con qué imagen te gustaría que cerrara la Caravana?*

—Con un abrazo entre víctimas de México y Estados Unidos. Eso es la Caravana: un abrazo. Cuando uno tiene un problema en casa, va con el de al lado y le pide ayuda. Cuando tú tienes un buen vecino, vas y le tocas la puerta. En esta historia es igual. Ahora que llegamos fueron unos vecinos. Somos vecinos que tenemos problemas comunes. En este país hay gente extraordinaria. Hay veces que tenemos la imagen del gringo, los dólares y todo eso, pero hay gente maravillosa. De eso se trata, de tocarnos la puerta, para tocarnos los corazones. Eso da mucha esperanza.

Diálogo con un poeta en silencio VI

—Tengo la percepción, quizá equivocada, de que no hay los escritores que debería haber en un movimiento como este, dirigido por un poeta. Aquí en la Caravana no veo escritores, por ejemplo...

—Acompañaron uno o dos poetas que han estado fieles: Eduardo Vázquez y Jorge González de León. Ambos han sido muy importantes, su lucidez poética para alumbrar los procesos. Tomás Calvillo, aunque está lejos, todos los días está pendiente, todos los días hay un análisis político, una sabiduría espiritual y poética detrás de sus comentarios, pero si fuera de ellos tres, pocos se acercaron.

—Y según CONACULTA hay muchos escritores en México.

—Algo les pasó a los escritores. Perdieron su vocación social, se encerraron. Sí perdieron, creo, su capacidad de compromiso, y es una pena, porque ellos tienen las claves en muchos sentidos de los significados, pero no puede quedar nada más en lo literario.

—¿Es un problema estructural o tiene que ver con que un escritor esté al frente de esto?

—No lo sé. Habría que preguntarle a cada uno y analizar. El escritor escribe y antiguamente era la voz del pueblo, estaba en el pueblo, incluso en la Revolución Mexicana, estaban ahí. Estaba López Velarde, ahí estaban Miguel Hernández, u otros que lo hicieron también desde el exilio y participaron de esta manera en los procesos, pero esto se ha perdido y es una desgracia, porque la palabra tiene que encarnarse y se encarna en los actos, por eso es tan fascinante Marcos. Una vez le preguntaban a Paz porque le había dedicado tanto a Marcos y no a otro poeta de su generación y dijo que porque era el primer poeta que hacía una revolución. Paz sabía admirar eso e hizo lo suyo, tuvo la capacidad para renunciar a la embajada de India en el 68, y Paz envidiaba a un hombre como Malraux, porque Malraux está lleno de mentiras pues, pero ese Malraux que escribía novelas y supuestamente piloteaba un escuadrón de pilotos, que parece que no lo hizo pero construyó ese mito y a Paz le fascinaban mucho esos escritores que podían estar también en las luchas de su época.

—*¿Tú eres el poeta que busca la paz?*

—Pues intento, tampoco es mi vocación fundamental estar en el activismo y creo que hay que encender unas velas y volverse a colocar en su proporción.

—*¿Estás encendiendo velas, Javier?*

—Creo que sí, la prueba de que se hizo la luz es que

se pudiera detener la guerra y no hemos hecho más que visibilizar el dolor, comprometer a un gobierno que traicionó, pero no hemos parado nada, no hemos hecho justicia a nadie y no hemos evitado que mueran algunos de nosotros, como Nepomuceno, como Don Trino. No hemos logrado más que encender una vela y eso es mucho en un mundo tan oscuro con poderes tan terribles.

—*Cuando muchos reporteros estábamos trabajando sobre la guerra del narco veíamos cómo tomaba forma este monstruo. Lo que no podíamos intuir era cuándo las víctimas comenzarían a tener rostro, sabíamos eso y seguíamos reporteando con la esperanza de que sucediera algo, un intento de parar este horror, que fue silenciado en sus causas estructurales, como la política interna mexicana y la corresponsabilidad con Estados Unidos. Veíamos muchos gremios afectados: médicos, empresarios, periodistas, muchos gremios y fue sorprendente que del gremio de escritores, a lo mejor estoy planteando mal la mirada, saliera el intento de poner un alto a esto. No sé qué tan común es en la historia que movimientos de este tipo sean encabezados por escritores.*

—En Checoslovaquia está Vaclav Havel, que fue presidente. Él era dramaturgo, pero estás hablando de una sociedad muy culta, donde los escritores hacían parte de la vida social. Aquí no, pinche México, somos de nicho, de *market*, con excepción de las estrellas, pues. Vargas Llosa hizo lo suyo en Perú, gracias a Dios no llegó al poder, porque no tendríamos a Vargas Llosa, lo estaríamos juzgando, no lo estaríamos aplaudiendo y celebrando, porque un escritor no tiene altura, un escritor no puede tener el poder. En Vargas Llosa hay una fascinación por el poder, bueno, García Márquez también, pero García Márquez no se aventó la locura de Vargas Llosa. A él le bastó estar cerca de la figura de Castro.

—¿Tú como tratas el poder? Porque ahora tú tienes poder…

—No, es que habría que distinguirlo, es que no es poder. Yo hago una distinción entre autoridad y poder. Yo tengo autoridad y tiene que ver con la idea de autor, y el autor es alguien que preserva una tradición y la cuida, y permite hacerla florecer. Yo creo que es eso, lo que hay en mí es una tradición que crea autoridad, pero no poder, el poder es un ejercicio contra otro o los otros. El poeta busca iluminar, decir lo indecible que está ahí, que ya se olvidó y que ya nadie dice, y en ese sentido, también es parte de mi formación, por eso Gandhi me vibra, por eso Luther King me vibra. Siempre hay la palabra que está tratando de domesticar al poder, porque el poder es una desmesura.

—¿Qué poetas contemporáneos te gustan?

—Me gusta Paz, sobre todo "Piedra de sol", me gusta el puñado de poemas salvables de Sabines…

—¿Cuáles?

—Me gusta mucho "Tía Chofi", es un poema bellísimo, me gusta Huerta y el padre Ponce…

—¿Efraín o David?

—Efraín, pero David también, estoy hablando ahorita

de esa generación, me gusta mucho Marco Antonio Campos, lo estimo mucho además, y de mi generación me gusta David Huerta, Tony del Toro y me gustan Pura López Colomé, María Baranda, Jorge Granados, Lumbreras, Alberto Blanco, Tomás Calvillo, Fabio Morábito...

—*¿Y de la poesía mística? De esa tradición en la que tú estás, ¿quiénes te gustan?*

—En la tradición mexicana, Manuel Ponce me gusta mucho.

—*¿López Velarde?*

—Sí, es uno de mis grandes amores, porque fue quien me enseñó mi padre, pero no está ahí, en esa tradición.

—*¿López Velarde no tiene una etapa final en la que se hace muy religioso?*

—López Velarde vivía en una tensión que puede hilar muy bien con lo sagrado, pero yo siento más mis raíces en la mística, en San Juan de la Cruz y en cierta poesía francesa que no es precisamente católica pero que me interesa. De hecho mi tesis de licenciatura es sobre Saint John Perse. Y tiene muchas vertientes, yo también, se me ha criticado y hay quien dice que yo plagio o no. La construcción del autor es muy renacentista, y yo pertenezco a esa tradición que viene del siglo de la edad media, y en la poesía de la edad media, aquellos que re-escriben, que retoman eso. "El cantar de los cantares" no es más que una reescritura, digo, el cántico espiritual es una re-escritura de "El cantar de los cantares".

Y toda la poesía de Santa Teresa, seguramente porque ella lo hizo así, lo usaba como recreo: cuando llegaban las novicias les decía "cántenme las canciones de amor del mundo, lo que están cantando los troveros, y dice ahora juguemos y hagamos a lo divino". Mucha de la poesía de Santa Teresa es re-escritura de canciones populares de su época, y bueno tienes ese… "Muero porque no muero". Y no sabes si lo escribió primero San Juan o Santa Teresa o viceversa, pero hay dos versiones, y por eso me gusta mucho Elliot, porque retoma esa tradición y hace *collage* y reescrituras de la Divina Comedia, es como retomar esa tradición medieval y meterla en lo moderno en el *collage*. Me gusta mucho esa tradición, pues. No necesito leerme a través de los otros.

—*Hablando de críticas y eso. ¿No extrañas esas batallas del mundo de los escritores?*

—La verdad ya no me interesan. Son tan banales al final de cuentas. Digo, las polémicas son importantes cuando hay pensamiento, pero cuando son ganas de joder, cuando no hay un tema que pensar. Yo traté de hacerlo con el poeta Evodio Escalante pero no quiso. Yo quería pensar en la problemática del autor en la era del internet, en la era de la intertextualidad, en el borramiento del autor. Yo le dije: "El autor está en crisis, vamos a pensar en la intertextualidad y los abusos o los no abusos o qué se está haciendo", y él no quiso entrar en esa polémica. Esa polémica sí me interesa. Tuve otra con Krauze pero no de literatura, sino de política.

—*Roberto Bolaño decía que el mundo de los escritores estaba poblado de canallas.*

—Los gremios son atroces y la literatura es un lugar terrible para la vanidad, todo el mundo quiere ser "el poeta". Es muy triste que los depositadores del sentido, los custodios del sentido, se pierdan en esas mezquindades y no en la profundidad de la reflexión.

—*¿Y has leído algo que sientas que refleja el momento que vive México?*

—No, pero no he leído mucho. Además siempre estoy volviendo al pasado: ahorita estoy muy interesado en los poetas del silencio como Beckett. Su obra es la negación de la palabra, es una escritura que apunta al silencio. Y ahora al último que leí fue a George Steiner, uno que se llama *El lenguaje del silencio*. La primera parte es muy impresionante con respecto a lo que me interesa. Habla mucho de la problemática del silencio en la poesía, que es extraña porque la poesía es lo contrario: el silencio pertenece a la mística y la poesía pertenece al mundo de la palabra y de las cosas del decir, del nombrar, del tratar de mostrar lo que guarda la profundidad del silencio a través de la palabra.

Nietzsche le creó un gran problema a la filosofía, porque por primera vez un filósofo se ponía a cantar. Su prosa es muy poética y podríamos llamar a Nietzsche un poeta. Son tipos que terminan en silencio, como Hölderlin. Hölderlin se hunde en el silencio cuarenta años y al final sólo pronuncia dos palabras extrañas, balbucientes. "Palasch, palasch", que a veces quería decir sí y a veces quería decir no, no sabías qué estaba diciendo. Como que esos hombres y el otro gran guardador de silencio es Rimbaud, quien se guarda en el silencio absoluto, el otro se va al silencio de otra acción extraña, que olvida la literatura y se encierra en un mundo contrario. Se acabó y de ahí vienen poetas que terminan en suicidio, que es otra forma del silencio.

Hermann Broch escribió *La muerte de Virgilio* y después de ese libro se encierra en el silencio de las matemáticas. Y es una obra sobre la música, sobre el sentido de la poesía. La obra de Broch son los últimos días u horas antes de que muera Virgilio y, de alguna forma, Broch se está retratando ahí. Después de esa obra no vuelve a escribir. Algo avistaron de la imposibilidad del sentido en la modernidad.

—*¿Y esas lecturas son un espejo también?*

—Sí, yo quisiera escribir unos ensayos sobre el silencio y la palabra.

—*Bueno, también hay otras razones por las que se puede dejar de escribir. ¿Juan Rulfo no es un caso de vanidad?*

—El problema con la literatura fantástica a la que le llaman realismo mágico es que son obras totalizadoras. No puedes volver a hacer otra obra de realismo mágico porque son totales. Escribir otra es repetirte y Rulfo no quería salir de ese mundo. García Márquez tiene los cuentos que anteceden un poco a *Cien años de soledad*, pero no vuelve a hacer otra obra de realismo mágico al final. Hace un libro reportaje, *Noticia de un secuestro*, pero ya no es realismo mágico. Hay "elementos *punteus*" pero no, porque ya no puedes volver hacer otra obra así. Son obras totalizadoras, son visiones cerradas del mundo, no puedes ir más allá de eso.

Yo creo que Rulfo se encerró en ese silencio por la imposibilidad de escapar y de hacer otro tipo de literatura, pero supo y fue muy sabio...

—*Y están los que literalmente desaparecen, como Samuel Noyola.*

—Sí, claro. Yo creo que los motivos que llevan a un poeta a guardar silencio, a un escritor a guardar silencio, son muchos, pero hablan de la temperatura de una época, del fracaso de una lengua...

—*¿De la lengua?*

—Sí, yo creo que la lengua se ha degradado y un escritor, un poeta, vive del lenguaje de su época. Si el lenguaje está degradado, ¿qué puedes hacer con ese lenguaje?, ¿qué puedes refutar con ese lenguaje? Es el dilema en el que yo estoy, en la reflexión en que me encuentro. A mí no me alcanza, y lo veo, es curioso, sólo hasta recientes fechas y habría que pensar sobre eso. Siempre necesito el epígrafe de un poeta. Durante todos los discursos que he dado siempre recibo versos de un poeta y nadie, ni los escritores, ni los periodistas, lo retomaron como clave de interpretación de los discursos y del sentido, era como: "Ah, pues este tipo es poeta y lee poemas". Nadie entendía el sentido. Quizá dicen: "Si hubiera sido músico, a lo mejor hubiera tocado la flauta el cabrón". Lo que me sorprendió es que en el discurso de Los Ángeles, donde cito a Dylan por primera vez, los periodistas citan en sus nota al poeta y hablan de Dylan como clave de interpretación cuando digo: "Pronto llegará la noche... todavía no" y "una fuerte lluvia va a caer". Por vez primera. ¿Por qué? Yo me pregunto por qué esa generación que no leyó poesía pero si se creó o se crió con Dylan les resonó, y Dylan sobre todo siendo tan norteamericano, tan estadounidense, es un poeta muy universal. Me dio mucha alegría, pero también me asombró que sólo reconocían a Dylan. No han nombrado a Pound, que también mencioné en el primer discurso...

−*Tampoco en México ha habido especial atención a tus epígrafes...*

−¡Nada, menos!

−*¿Cuál fue el primero que leíste?*

−Fue *Piedra de Sol*, de Octavio Paz. Lo leí con Pura López Colomé y nadie entendió porqué había elegido ese poema que es el poema de la historia del tiempo y del amor. Entonces dices, ya la poesía no funda sentido, ni los poetas están atendiendo. Se ha vuelto una cosa de nicho, una cosa de profesión extraña y eso me asusta y me entristece también.

−*Sin embargo, el Movimiento ha incorporado a la agenda muchas palabras como* víctimas, paz, *pero también la palabra* poeta. *De repente es extraño que en las secciones políticas de los periódicos haya titulares haciendo alusión a un poeta.*

—¿Qué entienden por poeta? Esa es la gran pregunta, una pregunta que yo me hago. ¿Qué entienden por poeta? Creo que la ven como si fuera licenciado o como si fuera doctor. Una palabra amiba que ya no tiene contorno y ya no saben lo que significa. Significa todo lo que hemos estado hablando.

—*Me voy a regresar a Dylan. ¿Entonces te gusta mucho?*

—Sí, no sé inglés y aunque hables inglés es muy difícil entender a Dylan, pero bueno, gracias a Dios hay traducciones y uno puede sentir la música y la rítmica de la poesía a veces. La poesía está cerca de la música, la gran poesía y su fraseo que despiertan mundos. Le hablan a un lugar del alma que no es propiamente el de la razón.

—*¿Cómo te sientes al respecto? Este es un movimiento que tiene la palabra por delante y aquí en Estados Unidos la palabra tiene que ser explicada por alguien más para que llegue, para que se recuerde. ¿Cómo te sientes al hablar y ser traducido?*

—Pues yo no me hago muchas bolas. Yo parto de la fe, de la confianza de que el otro está entendiendo lo que dices porque tiene que ver con el amor, y el verdadero amor está basado en la fe. Donde se pierde la confianza entre los amigos, se perdió la amistad, donde entre un hombre y una mujer que se aman y surge la sospecha, pasa lo mismo. A mí me encanta cuando en el matrimonio dices: "Te seré fiel en la adversidad, en la salud y en la enfermedad, en la pobreza y en la riqueza", y a veces no se entiende la palabra fidelidad. La fidelidad es confianza. *Fe* viene de *Fides*, y la fidelidad se ha reducido a un asunto sexual, es pavoroso. Pero la fidelidad es más bien la confianza en el otro, la confianza en que no te dará la espalda. El amor es eso, la gran revelación del cristianismo de Cristo más que nada, es que el pecado es darle la espalda al prójimo, traicionar la fe, traicionar el depósito de la confianza y eso no tiene nada que ver con la sexualidad. Esa es una pendejada. Poner la fe en los genitales es verdaderamente una forma de degradación inaudita. Sí, ahí hay una infidelidad si quieres pero el problema es que ese sería un síntoma: ¿qué paso atrás?, ¿dónde se rompió la confianza?, ¿dónde se rompió la fe? y ¿dónde hay que encontrar la reparación, el perdón?

Pero todo se ha reducido a que "la infidelidad" es un acostón con otro y entonces todo se rompe. Entonces no había amor, porque había que saber dónde se jodió para re-hacerlo. Pero eso no es todo, es darle la espalda al otro. Yo creo que uno ha tenido amores y se acabaron, o rupturas, pero eso no quiere decir que le tengas que dar la espalda al otro. Uno siempre tiene que ser fiel a lo que amó, no debe haber odio. Uno tiene que aprender a amar lo que fue la vida con otro o con otra. Uno no puede darle la espalda al amor. Podrá cambiar de forma de expresarse, porque no se pudo vivir, porque las incomprensiones fueron más que las compresiones, pero lo que se amó, se amó, y hay que ser fiel a esa historia y no hay que darle la espalda.

–¿Y eso es lo que hay en este Movimiento?

–Exacto, ¿no? A mí me gusta Camus y me encanta una novela que se llama *La peste*. Donde de alguna forma hay una hermosa esperanza, o una esperanza desesperada. *La peste* trata sobre una ciudad en Oran, en África del Norte, en Argelia. El personaje principal es un doctor que está con su madre, mientras su mujer está enferma en un hospital en París y él está a punto de ir a verla. Pero mientras tanto se ha quedado la madre a cuidarlo, y viene bajando de su departamento y se encuentra una rata muerta y empieza a ver que empiezan a aparecer ratas muertas, hasta que se dan cuenta que empieza una epidemia y descubren que se desató la peste. Una metáfora del mal: ya había dos males, lo arbitrario divino que son las catástrofes y lo arbitrario humano que son las guerras, las revoluciones, las desgracias que crean los seres humanos, y esta es una metáfora de las dos y entonces se crea un estado de sitio.

También queda atrapado un periodista que venía por otras cosas y se va a casar. Hay otro personaje que también es muy entrañable: un tipo que anda buscando cómo ser santo sin Dios, es extranjero, se hace amigo del doctor y con él empieza a trabajar en las brigadas. Luego hay un momento muy fuerte y el doctor no puede ir a ver a su mujer a París. Decide estar del lado de los apestados, el cabrón, y la mujer muere lejos, no se vuelven a ver.

Entonces, hay momentos verdaderamente entrañables en *La peste*. El doctor y el santo sin Dios están hablando del amor, de la amistad y en un momento dado le dice: "Oiga, doctor, hemos peleado, esto no acaba, tenemos salvoconductos para salir, démosle un espacio a la amistad, vamos al mar". Entonces pasan el cordón sanitario y se bañan solos en el mar por la tarde. Esa es una descripción tan hermosa de la amistad, del equilibrio. Nadan hombro con hombro los dos amigos y regresan a la batalla. Entonces hay otro momento ahí, cuando Rembrandt, el periodista francés que se quedó atrapado, está buscando en el mercado negro un pinche salvoconducto y le dice al doctor: "Ayúdeme", y el doctor le dice: "No, yo no lo puedo ayudar, aquí estamos todos jodidos". "Es que yo me voy a casar y tengo derecho a la felicidad", le responde el periodista. "¡Por supuesto! Hágalo pero yo no puedo hacer nada por usted. Y si consigue algo, yo celebraré que pueda irse."

El periodista francés consigue un salvoconducto y llega a despedirse del doctor y el amigo lo va a llevar al cordón sanitario para que pueda pasar y ya irse, y le viene hablando de su mujer, de su novia, entonces en un momento dado el amigo le dice: "Qué bueno que el doctor le ayudó", a lo que el periodista responde: "El doctor no me ayudó". Entonces el amigo del doctor le cuenta al periodista: "La mujer del doctor estaba enferma en París y a punto de morir pero el doctor ha querido permanecer aquí". En ese momento hay un punto de quiebre y el periodista se regresa de la frontera para ayudar en las brigadas sanitarias.

Hay otro momento así de duro, que es con el sacerdote. Se está muriendo un niño de peste y entonces el sacerdote le dice al doctor que confíe en Dios. El doctor se enoja y le dice algo así como :"No mame, yo no puedo creer en un Dios que permite la muerte de una creatura. La diferencia entre usted y yo es que, aunque estamos en la misma batalla, usted quiere aceptar que los niños mueran y yo me niego a aceptarlo y pelearé siempre hasta el final, a pesar de la batalla perdida, por la vida de los niños".

Y esa es la tesis que a mí me ha formado mucho. Por eso cuando me preguntan: "¿Y para qué sirve esta Caravana por Estados Unidos? ¿Qué van a ganar con esto? ¡Vale madre!" Yo no me mido así, sino por haber cumplido, por haber hecho lo que se tenía que hacer. Lo demás no depende de uno.

FIN

ANEXOS

Agradecimientos

A grandes rasgos, viajar es huir o buscar. Este viaje fue una búsqueda. La forma en que se hizo esta travesía incluía el dolor. Se trató de una peregrinación imperfecta porque también era combativa. Sin embargo, la palabra de protesta y de consuelo de alguien tan místico como Javier Sicilia dirigía la búsqueda dolorosa y abría senderos todo el tiempo. Supongo que es así: cuando estás con un poeta de verdad, siempre estás viajando, hay una traslación permanente. Eso me pasó hace años en las calles oscuras de Monterrey con el poeta Samuel Noyola. Luego, por mucho tiempo, en medio de mi faena como reportero, pensé que había dejado eso atrás hasta que en medio de coberturas de balaceras, desapariciones y masacres, conocí a Javier Sicilia. Entonces entendí que la resistencia y la poesía —una resistencia y una poesía nada estridentes, aunque desmesuradas— podían ir juntas. Por eso debo las gracias, primero que nada, a Javier. Por su enseñanza y por permitirme acompañarlo, ahora a través de este libro en el que espero que haya un reconocimiento igual a quienes después de sufrir el dolor en carne propia han apostado por la lucha, la paz y, quizá sin saberlo, también por la poesía.

Escribí las crónicas de este libro a contracorriente, mientras hacía una cobertura para el periódico *Reforma*. Durante el día reporteaba los dos o tres eventos que en promedio estaban agendados previamente por los organizadores de la Caravana y después me subía junto con las víctimas y colegas al autobús para viajar al siguiente pueblo o ciudad. Durante este trayecto, casi siempre nocturno y en medio de mil situaciones de lo más estrambóticas, escribía en una vieja computadora y en un asiento apretado mi texto del día siguiente, el cual debía enviar al subdirector Roberto Zamarripa antes de las diez de la noche. Algunos colegas de *Reforma* me han dicho que nunca en la historia de este diario se habían publicado treinta crónicas seguidas, un día tras otro, sobre el mismo tema. Por eso mi gratitud para Roberto, periodista del que aprendo siempre y que tuvo los ojos para dimensionar el acontecimiento que significaba esta odisea mexicana por Estados Unidos.

Como reportero independiente, en algunas ocasiones no es fácil tener todas las herramientas a la mano para hacer el trabajo que quieres. Mis principales aliados estadounidenses para este proyecto, sin los que no hubiera podido hacer este viaje, son Suzanne Gollin, de la Angelica Foundation y Ted Lewis, de Global Exchange. A ambos agradezco su amistad y apoyo a lo largo de este y otros caminos. Ellos son una de las muchas pruebas de que en Estados Unidos hay también un montón de personas inspiradoras. John Gibler, autor del prólogo de este libro, es una de esas grandes personas.

Durante el recorrido, conté también con el valioso apoyo del *staff* de la Caravana, en el que participaron Cecilia Bárcenas, Brisa Solís, Janice Gallagher, Louise Levayer y Chelsea Brown, todas ellas unas estupendas mujeres que dejaron el corazón en el camino. También con el de los intérpretes John Pluecker y Catalina Nieto, quienes me ayudaron a mí y a la mayoría de los integrantes de la Caravana a descifrar el idioma vecino y otros enigmas durante el viaje. Mi agradecimiento también por su camaradería en medio del trajín a José Gil Olmos, de *Proceso*; Daniela Pastrana, de *Periodistas de a Pie*; y de W Radio, Rosario Carmona, así como los documentalistas Jaime del Conde, Ludovic Bonlex, Debora Poo, Argelia Valles, Marcela Zendejas, Carlos Rossini y Sebastián Hiriart.

Dos experimentados y muy queridos amigos activistas hicieron también esta travesía: Daniel Gershenson y Eliana García. A ambos agradezco sus consejos, visiones y reflexiones a lo largo del camino.

Al inicio del viaje, junto con mi hermano Manuel *el Meño* Larios, con quien compartí asiento, historias y avatares durante treinta días, coloqué en la ventanilla de nuestro lugar en el autobús una calcomanía amarilla con letras negras que dice: "En este hogar somos infrarrea-listas. Favor de pasar a subvertir". Nos asumimos como una especie de delegados de un pequeño grupo de re-porteros infras entre los que están Alejandro Almazán, Alejandro Sánchez, Alicia Cárdenas, Emiliano Ruiz Pa-rra, Wilbert Torre, Raymundo Pérez Arellano, José Luis Valencia, Juan Carlos Reyna, Neldi San Martín, entre otros apasionados del periodismo narrativo y de contar historias para la gente, no para el poder. Durante el ca-mino, luego de leer en voz alta *El manifiesto del periodismo infrarrealista* en la Escuela de las Américas, el valioso jo-ven Alejandro Piña se sumó a las filas de este grupo que practica un juego de vida o muerte.

Por último, agradezco a mi familia, que es la que da fondo y sentido a todo lo que hago, y que durante este y todos mis viajes siempre va conmigo.

Lista de integrantes de la Caravana

Aguayo Quezada Sergio
Aguilar de Arana María Guadalupe
Aguilar de Parrilla Eva
Aguirre Dávila Dora Elva
Algarabel Rutter Nimbe Montserrat
Álvarez Gandara Miguel
Ambrosio Torres Karla
Ameglio Patella Pietro María Francesco
Anzures Barreto Gabino Israel
Aquino Centeno Salvador
Arriagada Cuadriello Mario
Asención Belén
Baca de Moreno Lucía
Barajas Ereiva José Luis
Bárcenas González Cecilia
Bautista Bueno Victoria
Bonlex Ludovic
Briones Lastra David Alejandro
Brown Chelsea

Calore Pamela
Camaranesi Theresa
Campos Romo Carmen Lourdes
Canseco Zarate German
Carlsen Laura
Carmona Lobo Teresa
Carmona Meza Rosario
Castillo Martínez Marco Antonio
Castro Campillo Carlos
Castro Gurrola Carlos
Ceja Aguirre José Roberto
Chacón Oscar
Chávez y Aredondo Atala del Rocío
Coronado Navarro María Salvadora
De la Cruz Carrillo Santos
De la Luz García Deyssy Jael
Del Conde de la Cerda Ricardo
Díaz Encisco Raúl Fernando
Domínguez Martha
Duane Kelly
Escarce Alissa
Estudillo Macías Juana Carime
Fernández de Robledo María Guadalupe
Fernández Vargas Rosa Marta
Flores Landa Melchor
Gallagher Janice
García Balderas Edith
García Eliana

García Zapata Víctor
Gershenson Shapiro Daniel
Gil Olmos José
Girod Kat
Gollin Suzanne
Gómez Negrete Luis
González de León y Domínguez Jorge Agustín
González Olivares Rodrigo
González Valencia Berta
González Vela María Ignacia
Gutiérrez Botello María De Los Ángeles
Guzmán Jara Blanca Estela Regina
Guzmán Romo María Guadalupe
Hayden Tom
Hernández Hernández Sacario
Hernández Martínez María Del Rosario Leticia
Herrera Magdaleno María
Herrera Ortega Ceredisae
Hidalgo González Irma Leticia
Hiriart Sebastián
Hirsch Soler Andrés Emiliano
Hofer N. Jen
Kohlenberg Kayla
KT-Dra, Díaz Díaz Víctor Mario
Larios Manuel
León Trueba Ana Isabel
Levayer Louise
Lewis Ted

Linares Ortiz Jorge
Ling Phoebe
Lluhi Nina
López Pérez Margarita
Lovato Roberto
Maldonado Velázquez Uriel
Malvido Conway Arturo
Martínez Zazueta Iván Alejandro
Moller Kirsten
Mora Nieto Leticia
Mora Ramírez Alberto Valente
Moreno Díaz Alfonso
Moreno Mercedes
Morones Enrique
Muñoz Barrientos Elizabeth Isela
Muñoz Guzmán María Guadalupe
Newton Fred
Nieto Catalina
Nute Raúl
Ogarrio Calles Eugenia
Ordorika Imaz Amaya
Orozco García Elizabeth
Osorio Mendoza Isolda
Osorno Diego Enrique
Paredes Heriberto
Paredes Nogueron Benito
Pastrana Daniela
Peluffo Muñoz Brandon

Pérez Triana José Carlos
Pérez Triana Rosa Elena
Pidcard Carleen
Piña Godoy Alejandro
Pluecker Jonh
Poo Soto Débora
Ramírez Hugo
Reed John
Reyes Olga
Rivera Hidalgo Ricardo Alexis
Rivera Pallán José
Robelo Daniel
Robledo Chavarría José Antonio
Rodríguez Gómez Francisco Ezequiel
Rodríguez Nava Araceli Magdalena
Rojas Alarcón Nenetzin Coral
Roque Morales Saúl Atanacio
Rossini Carlos
Salas Girones Edgar
Sault Nicole
Sicilia Zardain Javier
Solís Ventura Brisa Maya
Spector Alejandra
Tavera Gómez María Del Pilar
Trujillo Herrera Juan Carlos
Trujillo Herrera Rafael
Valencia Lozada Laura Patricia
Valles Argelia

Vázquez Sánchez José Luis
Velázquez Chávez Gabriela
Vera Alvarado Teresa
Villanueva Guzmán María Guadalupe
Villanueva Guzmán Roberto
Villanueva Vega Juan Abelardo
Villegas Ortega Miguel Antonio
Yarrito Guadalupe
Zendejas Marcela

ÍNDICE

Diego Enrique Osorno (Monterrey, 1980) es autor de cinco libros de crónica sobre el México contemporáneo: *Oaxaca sitiada. La primera insurrección del siglo XXI* (2007), *El Cártel de Sinaloa. Una historia del uso político del narco* (2009), *Nosotros somos los culpables. La tragedia de la Guardería ABC* (2010), *Un vaquero cruza la frontera en silencio. La historia de Gerónimo González Garza* (2011) y *La guerra de los Zetas. Viaje por la frontera de la necropolítica* (2012); y compiló *País de muertos. Crónicas contra la impunidad* (2011). Algunos de sus textos han sido incluidos en antologías de Cuba, Estados Unidos, México, España y Venezuela, así como también traducidos al inglés, italiano, francés y portugués. Ha publicado en *Etiqueta Negra, Internazionale, Proceso, Courrier International, El Universal, The Huffington Post, Newsweek, Zyzzyva, Nexos, Il Fato Quotidiano, Indymedia,* entre otros. Director y guionista de documentales. Ha recibido el Premio Latinoamericano de Periodismo sobre Drogas y el Premio Internacional de Periodismo de la revista *Proceso.*

Títulos en Narrativa

MAR NEGRO
DEMONIA
LOS NIÑOS DE PAJA
Bernardo Esquinca

EL HOMBRE NACIDO EN DANZIG
MARIANA CONSTRICTOR
¿TE VERÉ EN EL DESAYUNO?
Guillermo Fadanelli

BARROCO TROPICAL
José Eduardo Agualusa

EMMA
EL TIEMPO APREMIA
POESÍA ERAS TÚ
Francisco Hinojosa

APRENDER A REZAR EN LA ERA DE LA TÉCNICA
CANCIONES MEXICANAS
EL BARRIO Y LOS SEÑORES
JERUSALÉN
HISTORIAS FALSAS
AGUA, PERRO, CABALLO CABEZA
Gonçalo M. Tavares

25 MINUTOS EN EL FUTURO. NUEVA CIENCIA FICCIÓN
NORTEAMERICANA
Pepe Rojo y Bernardo Fernández, *Bef*

CIUDAD FANTASMA. RELATO FANTÁSTICO DE LA
CIUDAD DE MÉXICO (XIX-XXI), TOMOS I Y II
Bernardo Esquinca y Vicente Quirarte

EL FIN DE LA LECTURA
Andrés Neuman

LA SONÁMBULA
TRAS LAS HUELLAS DE MI OLVIDO
Bibiana Camacho

LATINAS CANDENTES
RELATO DEL SUICIDA
Fernando Lobo

CIUDAD TOMADA
MAURICIO MONTIEL FIGUEIRAS
JUÁREZ WHISKEY
César Silva Márquez

TIERRAS INSÓLITAS
Luis Jorge Boone

EL HIJO DE MÍSTER PLAYA
Mónica Maristain

HORMIGAS ROJAS
Pergentino José

BANGLADESH, TAL VEZ
Eric Nepomuceno

PURGA
Sofi Oksanen

CUARTOS PARA GENTE SOLA
POR AMOR AL DOLAR
REVÓLVER DE OJOS AMARILLOS
J. M. Servín

¿HAY VIDA EN LA TIERRA?
LOS CULPABLES
LLAMADAS DE ÁMSTERDAM
Juan Villoro

de Diego Osorno
se terminó de
imprimir
y encuadernar
el 5 de septiembre de 2014,
en los talleres
de Litográfica Ingramex,
Centeno 162-1,
Colonia Granjas Esmeralda,
Delegación Iztapalapa,
México, D.F.

Para su composición tipográfica se emplearon las familias Bell Centennial y Steelfish de
11:14, 37:37 y 30:30. El diseño es de Alejandro Magallanes.
La edición estuvo a cargo de Karina Simpson.
La impresión de los interiores se realizó sobre papel Cultural de 75 gramos y el tiraje
consta de tres mil ejemplares.